Für meine Mama

★ ★ ★ ★ ★

Sind Sie mit diesem Titel zufrieden? Dann würden wir uns über Ihre Weiterempfehlung freuen. Erzählen Sie es im Freundeskreis, berichten Sie Ihrem Buchhändler oder bewerten Sie beim Onlinekauf. Und wenn Sie Kritik, Korrekturen, Aktualisierungen haben, freuen wir uns über Ihre Nachricht an:

Christian Verlag
Postfach 40 02 09
D-80702 München
oder per E-Mail an: lektorat@verlagshaus.de

Verantwortlich: Sonya Mayer
Textredaktion: Jeannette Kiesel
Korrektur: Regina Jooß
Layout und Satz: Heike Gürtler
Umschlaggestaltung: A flock of sheep, unter Verwendung einer Illustration von Marcus Taeschner
Repro: LUDWIG:media
Herstellung: Bettina Schippel
Texte und Rezepte: Silke Kobr
Fotografie: Coco Lang
Foodstyling: Christina Kempe
Assistenz: Alina Neumeier

Printed in Slovenia by Florjancic

Unser komplettes Programm finden Sie unter:

www.christian-verlag.de

Die Deutsche Nationalbibliothek verzeichnet diese Publikation in der Deutschen Nationalbibliografie; detaillierte bibliografische Daten sind im Internet über http://dnb.d-nb.de abrufbar.

Sonderausgabe des 2015 erschienenen Titels Kaffee & Klatsch mit der ISBN 978-3-86244-134-1

ISBN 978-3-95961-341-5

Kaffee & Klatsch

90 Rezepte für Cookies, Cupcakes, Kuchen

CHRISTIAN

Inhalt

Vorwort

Vor einigen Jahren noch älteren Damen vorbehalten, so ist er heute auf einmal in: der Kaffeeklatsch! Junge Frauen treffen sich zum Latte macchiato. Aber nicht im angesagten Café, sondern zu Hause zum Kaffeeklatsch. Da wird gebacken, was das Zeug hält, alles wird ausprobiert. Kuchen vom Konditor ist verpönt, wie bei meiner Mama. Ihre Torten waren ganz großes Kino. Aber viel zu groß und aufwendig für spontan verabredete Kaffeestündchen. Bei der Zusammenstellung der Rezepte habe ich mich daher eher auf kleine Törtchen, fruchtige Kuchen, Muffins und Ähnliches gestürzt. Das Ergebnis ist eine Mischung aus altbewährten, modernen und neuen Kreationen, die manchmal nur entstanden sind, weil eine Zutat gefehlt hat. Sehen auch Sie die Rezepte als Anregung. Variieren Sie, tauschen Sie aus, seien Sie kreativ! Und haben Sie viel Spaß beim Kaffeeklatsch!

Kaffee & Klatsch – so war es damals, so ist es heute

Gute 300 Jahre ist der Brauch des Kaffeeklatsches nun alt. Ein Brauch, der eigentlich aus der Not geboren war, denn der Besuch eines Kaffeehauses war früher allein den Männern vorbehalten. Die adeligen und später auch die bürgerlichen Damen des 18. Jahrhunderts hingegen trafen sich in trauter Runde zu Hause, um Kaffee, selbst gebackenen Kuchen, Likör und gute Unterhaltung zu genießen. Der Kaffeegenuss, ursprünglich ein Privileg des Adels, breitete sich zunehmend aus und nach und nach hielt er auch bei den ärmeren Schichten Einzug. Allerdings mussten die wegen der hohen Kaffeepreise oft mit Ersatzprodukten vorliebnehmen. So entstanden Malzkaffee, Muckefuck und Zichorienkaffee.

Als es dann schließlich gegen Ende des 19. Jahrhunderts den Frauen auch erlaubt war, die Kaffeehäuser zu besuchen, hatte sich der wöchentliche Kaffeeklatsch schon etabliert. Man traf sich jede Woche am gleichen Tag und um die gleiche Uhrzeit. Die Gastgeberinnen wechselten sich ab, und so konnte jede Dame einmal bewirten und sich ansonsten bewirten lassen.

Natürlich ging es nicht nur um den Genuss von Kaffee und Kuchen. Der Kaffeeklatsch war ein gesellschaftliches Ereignis, die Damen machten sich fein, Alltägliches und Besonderes wurden besprochen, Heiratspläne geschmiedet, junge Frauen lernten die Kunst des Gästebewirtens. Das schönste Porzellan wurde aufgedeckt, bestickte Servietten und Tischdecken kamen zum Einsatz, Blumen schmückten die Kaffeetafel. Raffinierte Kuchen oder Petit Fours wurden serviert, sicherlich auch in der Hoffnung, die Gastgeberin der letzten Woche zu übertrumpfen.

Seitdem hat sich vieles verändert. Wir Frauen gehen ganz selbstverständlich ins Café, der Kaffeeklatsch findet nicht mehr wöchentlich und an einem festen Tag statt, er wird spontan verabredet per SMS oder Telefon.

Aber es ist auch vieles gleich geblieben. So trifft man sich mit Freundinnen, bespricht Belangloses, Wichtiges und Intimes. Und ist meistens ganz unter sich. Meistens wohlgemerkt, denn mittlerweile hat sich auch eine neue Form des Kaffeeklatsches etabliert. Die ganze Familie klatscht mit. Sogar die Männer! Vor einigen Jahrzehnten noch undenkbar. Mittlerweile treffen wir uns gelegentlich mit der ganzen Familie. Die Kinder spielen, die Erwachsenen sitzen zusammen am Tisch und nicht selten endet der gemütliche Kaffeeklatsch noch mit einem Abend am Grill.

Zutaten, die nicht fehlen dürfen

Auch bei den Zutaten hat sich in den letzten drei Jahrhunderten einiges verändert. Das Kuchenbacken im 18. Jahrhundert war eine recht anstrengende Arbeit. Das Backpulver war noch nicht erfunden, und um einen Kuchen möglichst fein und locker zu bekommen, musste der Teig ordentlich mit dem Schneebesen geschlagen werden. Wer einmal versucht hat, Eischnee mit der Hand zu schlagen, der weiß, wovon ich spreche. Nicht selten geriet ein Kuchen daneben, und erst mit der Erfindung des Backpulvers gab es so etwas wie eine »Gelinggarantie«.

In der Zeit des Wirtschaftswunders hielten dann noch weitere Backhilfsmittel Einzug in die Regale der deutschen Supermärkte: Tortenhilfe, Sahnesteif, Käsekuchenhilfe, Brandteiggarant, Obstbodengarant, Vanillinzucker, Backaromen, Kuchenglasur und viele, viele Tütchen mehr. Manche davon sind nützlich, andere eher nicht. Für mich sind folgende Hilfsmittel wichtig:

Backpulver: Keine Frage!
Gelatine: Unverzichtbar, um manchen Tortenfüllungen einen festen Stand zu geben.
Sahnesteif: Natürlich braucht man kein Sahnesteif,

wenn man zum Obstkuchen einen Becher Sahne schlägt und gleich auf den Tisch stellt. Aber will man eine Torte verzieren, dann sollte die Sahne doch ein wenig Standhaftigkeit haben.

Vanillezucker: Und damit meine ich nicht den künstlichen Vanillinzucker. Echten Vanillezucker kann man nämlich recht einfach selbst herstellen. Beim Backen fallen immer wieder ausgekratzte Vanilleschoten an. Schneiden Sie diese in etwa 2 cm lange Stücke, welche Sie zusammen mit 100 g Zucker pro Schote in ein Schraubglas geben. Gut verschlossen lassen Sie das Glas jetzt für etwa 2 Wochen stehen. Dann pulverisieren Sie alles zusammen im Blitzhacker. Dieser selbst gemachte Vanillezucker hat ein wesentlich feineres Aroma als der künstliche Vanillinzucker.

Zitronen- und Orangenschale: Dafür braucht man wirklich kein Tütchen. Kaufen Sie Biofrüchte, welche Sie nach dem Waschen gut abtrocknen. Dann reiben Sie die Schale mit einer feinen Reibe ab. Manchmal braucht man auch nur ein kleines bisschen Zitrusschale. Dann können Sie den Rest entweder einfrieren, das funktioniert wunderbar, oder Sie aromatisieren Zucker damit. Auch das ist denkbar einfach. Geben Sie dafür die abgeriebene Schale einer Zitrone oder Orange in ein kleines Schraubglas, füllen es mit Zucker auf, schütteln alles gut durch und lassen das Glas für etwa 2 Wochen stehen.

Hefe: Für mich gibt es nur frische Hefe. Mit Trockenhefe werde ich einfach nicht warm. Nie geht der Teig so auf, wie er soll, und auch der Geschmack ist einfach nicht so rund. Vielleicht ist das aber auch nur Gewohnheit, und wenn Sie seit Jahren mit Trockenhefe backen, dann will ich Ihnen das nicht madigmachen.

Nonpareilles, Zuckerperlen & buntes Zuckerzeug: Man braucht es nicht auf jedem Kuchen, aber bei manchen Törtchen, Cakepops oder Muffins ist es einfach hübsch.

Kuchenglasur: Jahrelang war ich ein großer Verfechter der Kuvertüre. Und ich bin immer noch der Ansicht, dass Kuvertüre besser schmeckt, als die gängige Kuchenglasur. Wobei diese in den letzten Jahren wirklich aufgeholt hat. Ihr Geschmack ist wesentlich natürlicher als noch zu Zeiten meiner Kindheit und sie ist viel einfacher zu verarbeiten als Kuvertüre.

Tortenguss: Ich bin kein großer Fan von Tortenguss, aber bei manchen Kuchen sehe ich die Notwendigkeit. Wenn möglich rühre ich den Tortenguss allerdings immer mit verdünntem Saft an, der Geschmack ist dann angenehmer.

Backformen

So, wie sich das Angebot an Backzutaten in den letzten Jahren vervielfacht hat, ist es auch mit der Auswahl an Backformen geschehen. Hatten unsere Großmütter noch die kupfernen Backformen blank poliert an der Wand hängen, stapeln sich bei uns die Backformen aus Glas, Keramik oder Silikon im Schrank. Backpapier, Backmatten und Antihaftbeschichtung sind für uns selbstverständlich geworden, und tatsächlich sind die modernen Backformen einfacher in der Handhabung. Der Vorteil der Kupferformen liegt jedoch in ihrer hervorragenden Wärmeleitfähigkeit. Falls Sie so eine alte Gugelhupfform noch besitzen, probieren Sie sie ruhig einmal aus. Gut eingefettet und mit Bröseln ausgestreut bleibt der Kuchen auch darin nicht hängen.

Der Kaffeetisch

Große Veränderungen gab es natürlich auch bei der Tischdekoration. Aufgedeckt werden nicht mehr die Sammeltassen mit Goldrand, modernes Geschirr hat das »gute Porzellan« abgelöst. Ab und zu kommt allerdings auch bei uns das von der Patentante geerbte Porzellan mit Streublümchen auf den Tisch. So herrlich kitschig, dass es schon wieder in ist. Stoffservietten sind den meisten Gastgeberinnen zu viel Aufwand, selbst an der Tischdecke wird gespart. Sicher schade, aber durchaus nachvollziehbar. Seitdem ich Kinder habe, sind auch bei mir Tischdecken auf Mitteldecken reduziert. Und seit den ersten »Kaba-Unfällen« kommen selbst diese beim Kaffeetrinken gleich ganz vom Tisch.

Der Kaffee zum Kuchen

Im Unterschied zu früher ist Kaffee heute zwar kein Luxusprodukt mehr, der Kult um ihn ist allerdings größer denn je. In fast jedem Haushalt steht ein Kaffeevollautomat, der auf Knopfdruck Latte macchiato, Cappuccino und Espresso bietet. Mit dabei ist frisch aufgeschäumte Milch. Noch viel größer als zu Hause ist die Auswahl in den Coffeeshops, die wir mittlerweile an jeder Ecke finden. Caffè americano, Mochaccino, Caramel Macchiato, Iced Caffè Latte, Flavored Latte, ... – die Liste könnte man wahrscheinlich noch lange fortsetzen.
Aber auch ein einstiger, fast vergessener Bekannter schleicht sich wieder bei dem einen oder anderen Kaffeeklatsch ein und gilt hier als »der letzte Schrei«: der gute alte Filterkaffee. Willkommen zurück!

Sahne & Schnittchen

Ob die Zeit der großen Sahnetorten ein für alle Mal vorbei ist? Schwer zu sagen. Mir fällt nur auf, dass sie seltener werden. Die Schwarzwälder ist ja fast schon eine bedrohte Art in heimischen Backstuben. Was natürlich schade ist, denn Sahne in verschiedensten Varianten ist doch einfach unglaublich lecker. Als Kind habe ich immer sehr geduldig auf den Sahnetopf zum Ausschlecken gewartet und auch die Rührbesen wurden akribisch nach Sahneresten abgesucht.
Vielleicht braucht Sahne nur eine neue Verpackung. Kleine Schnittchen, die schnell gemacht sind und leicht und lecker daherkommen. Schließlich wären wir doch alle gerne ein »Sahneschnittchen«.

Schwarzwälder Schnitten

Zubereitung: 45 Minuten plus 10 Minuten Backzeit und 3 Stunden Kühlzeit
Ergibt etwa 6 Stück

Zutaten

Für den Teig
4 Eier
160 g Zucker
120 g Mehl
40 g Kakao
1 Päckchen Backpulver

Für die Füllung
1 Glas Sauerkirschen (680 g)
3 EL Kirschwasser
1 Päckchen roter Tortenguss
2 EL Zucker
400 g Sahne
1 Päckchen Sahnesteif
5 EL Puderzucker

Zum Dekorieren
50 g Zartbitterschokolade, gerieben

Für den Biskuit die Eier mit dem Zucker dickcremig aufschlagen. Mehl, Kakao und Backpulver mischen, über die Eimasse sieben und vorsichtig unterheben. Die Biskuitmasse gleichmäßig auf ein mit Backpapier ausgelegtes Backblech streichen und im vorgeheizten Backofen bei 200 °C 8–10 Minuten backen. Den Biskuit aus dem Ofen nehmen, quer halbieren und auskühlen lassen.

Die Sauerkirschen abtropfen lassen, dabei den Saft auffangen. Eine Biskuithälfte mit dem Kirschwasser beträufeln. 125 ml Sauerkirschsaft mit 125 ml Wasser verdünnen. Den Tortenguss mit dem Saft und dem Zucker nach Packungsanleitung zubereiten. Die Kirschen unter den Guss rühren und auf dem getränkten Biskuit verstreichen. Gut auskühlen lassen.

Die Sahne mit Sahnesteif und Puderzucker steif schlagen. Etwa zwei Drittel der Sahne auf den Kirschen verstreichen. Die zweite Biskuithälfte darauflegen, mit der restlichen Sahne bestreichen und etwa 3 Stunden kalt stellen.

Mit einem scharfen Messer in gleichmäßige Stücke schneiden und die Zartbitterschokolade darüberstreuen.

Info: *Pastel selva negra, black forest cake, gateau forêt-noire* ... – wer kennt sie nicht, die Schwarzwälder Kirschtorte? Ein »all time classic«, der weltweit geliebt und verspeist wird. Und zu Recht, denn die Kombination aus Schokoladenteig, Sauerkirschen und Sahne ist einfach sensationell. Wer sich an die große Torte nicht wagen mag, der sollte sich vielleicht fürs Erste einfach an diesen Schwarzwälder Schnitten versuchen.

Amarettoschnitten

Zubereitung: 50 Minuten plus 25 Minuten Backzeit und 3 Stunden Kühlzeit
Ergibt etwa 6 Stück

Zutaten

Für den Teig

180 g Butter
200 g Zucker
5 Eier
120 g Mehl
170 g gemahlene Mandeln
2 TL Backpulver

Für die Creme

1 Päckchen Mandelpuddingpulver
50 g Zucker
500 ml Milch
4 Blatt weiße Gelatine
10 ml Amaretto
200 g Sahne

Zum Bestauben

5 EL Puderzucker

Für den Teig die Butter mit dem Zucker schaumig rühren. Die Eier nach und nach unterrühren. Mehl, Mandeln und Backpulver mischen und unter die Eimasse rühren. Den Teig auf ein mit Backpapier ausgelegtes Backblech geben, glatt streichen und im vorgeheizten Backofen bei 180 °C 20–25 Minuten backen. Die Gebäckplatte aus dem Ofen nehmen, quer halbieren und auskühlen lassen.

Für die Creme aus dem Puddingpulver, Zucker und der Milch nach Packungsanleitung einen Pudding zubereiten und beiseitestellen. Die Gelatine in kaltem Wasser einweichen, ausdrücken, in den lauwarmen Pudding rühren und darin auflösen. Den Amaretto unterrühren und den Pudding auskühlen lassen, dabei gelegentlich umrühren.

Die Sahne steif schlagen, unter den Pudding heben und die Creme auf einer Gebäckhälfte verstreichen. Die zweite Gebäckhälfte darauflegen und etwa 3 Stunden kalt stellen.

In gleichmäßige Stücke schneiden und mit Puderzucker bestauben.

Tipp: Für die alkoholfreie Variante den Amaretto durch Amarettosirup ersetzen.

Himbeere trifft Espresso

Zubereitung: 45 Minuten plus 20 Minuten Backzeit und 5 Stunden Kühlzeit
Ergibt etwa 12 Stück

Zutaten

Für den Teig

2 Eiweiß
1 Prise Salz
2 Eigelb
80 g Zucker
70 g Mehl
20 g Kakao
2 TL Backpulver
100 ml Espresso

Für die Creme

300 g frische Himbeeren
100 g Zucker
4 Blatt weiße Gelatine
200 g Mascarpone
200 g Sahne

Zum Verzieren

12 Blätter Minze

Für den Biskuit das Eiweiß mit dem Salz steif schlagen. Das Eigelb mit 2 EL heißem Wasser und dem Zucker schaumig schlagen. Mehl, Kakao und Backpulver mischen und unter die Eigelbmasse rühren. Den Eischnee vorsichtig unterheben. Einen Backrahmen auf ein mit Backpapier ausgelegtes Backblech stellen. Die Biskuitmasse hineingeben und etwa 1 cm dick glatt verstreichen. Im vorgeheizten Backofen bei 180 °C 20 Minuten backen. Den Biskuit aus dem Ofen nehmen, mit einer Gabel mehrmals einstechen, mit dem Espresso beträufeln und kalt stellen.

Von den Himbeeren zwölf Stück beiseitelegen, die restlichen Beeren mit dem Zucker in einem Topf erwärmen und anschließend pürieren. Die Gelatine in kaltem Wasser einweichen, ausdrücken und im Himbeerpüree auflösen. Den Mascarpone mit dem Himbeerpüree vermengen, anschließend die Creme kurz kalt stellen.

Die Sahne steif schlagen und unter die Mascarponecreme heben. Die Creme auf dem Espressoboden verteilen, glatt streichen und mindestens 5 Stunden kalt stellen.

In zwölf gleichmäßige Stücke schneiden und jeweils mit einer Himbeere und einem Minzblatt verzieren.

Hippen mit Marzipansahne

Zubereitung: 35 Minuten plus 30 Minuten Kühlzeit und 5 Minuten Backzeit
Ergibt etwa 12 Stück

Zutaten

Für die Hippen
160 g Mehl
160 g Puderzucker
2 Eiweiß
200 ml Milch

Für die Marzipansahne
100 g Marzipanrohmasse
400 g Sahne
50 g Puderzucker
2 EL Vanillezucker

Mehl, Puderzucker, Eiweiß und Milch zu einem glatten, klümpchenfreien Teig verrühren und etwa 30 Minuten kalt stellen. Den Hippenteig löffelweise auf eine Silikonbackmatte geben und dünn zu gleichmäßigen Kreisen verstreichen. Im vorgeheizten Backofen bei 180 °C 4–5 Minuten goldbraun backen. Die Hippen sofort über einen Holzlöffelstiel legen und einmal einrollen. Vorsichtig vom Löffel abnehmen und auskühlen lassen.

Für die Marzipansahne die Marzipanrohmasse klein zerkrümeln und mit einigen Esslöffeln Sahne glatt rühren. Die restliche Sahne mit Puderzucker und Vanillezucker steif schlagen, die Marzipancreme unterheben. Die Marzipansahne in einen Spritzbeutel geben und die Hippen damit füllen.

Info: Klingt komplizierter, als es ist. Auf einer Silikonmatte lässt sich die Masse allerdings viel leichter verstreichen als auf Backpapier.

Apfelschnitten mit Zimtsahne

Zubereitung: 40 Minuten plus 30 Minuten Backzeit
Ergibt etwa 12 Stück

Zutaten

Für den Kuchen
150 g Butter | 80 g brauner Zucker
4 EL Ahornsirup | 3 Eier
175 g Mehl | 50 g Walnüsse, gehackt
½ TL Zimt | 2 TL Backpulver
3–4 EL Sahne, nach Bedarf
5–7 Äpfel (je nach Größe)

Zum Servieren
200 g Sahne
3 EL Puderzucker
1 TL Zimt

Die Butter mit Zucker und Ahornsirup cremig schlagen. Die Eier nach und nach unterrühren. Mehl, Nüsse, Zimt und Backpulver mischen und unter die Eimasse rühren. Falls der Teig zu fest ist, etwas Sahne dazugeben. Die Äpfel schälen, das Kerngehäuse entfernen und in Spalten schneiden. Den Teig auf ein mit Backpapier ausgelegtes Backblech streichen und die Äpfel darauf verteilen. Im vorgeheizten Backofen bei 180 °C 25–30 Minuten backen. Abkühlen lassen.

In gleichmäßige Stücke schneiden. Die Sahne mit dem Puderzucker und dem Zimt steif schlagen und dazu servieren.

Tipp: Die Apfelschnitten sind schnell und einfach gemacht. Es reicht, wenn man sie 1 Stunde vor dem Kaffeeklatsch in den Ofen schiebt, denn lauwarm schmecken sie besonders gut. Man kann auch eine Kugel Vanilleeis dazugeben.

Vanille-Blätterteigschnitten

Zubereitung: 45 Minuten plus
15 Minuten Backzeit
Ergibt etwa 12 Stück

Zutaten

Für die Füllung
4 Eigelb
125 g Zucker
Mark von 2 Vanilleschoten
250 ml Milch
6 Blatt weiße Gelatine
250 ml Sahne
3–4 EL Puderzucker

Für den Teig
1 Packung frischer Blätterteig
(oder TK, aufgetaut)

Zum Bestauben
2–3 EL Puderzucker

Für die Füllung das Eigelb und den Zucker in einer Rührschüssel schaumig schlagen. Die Milch mit dem Vanillemark in einen Topf geben, aufkochen und vom Herd nehmen. Die Eigelbmischung in die heiße Milch rühren. Unter ständigem Rühren bei geringer Temperatur erhitzen, bis die Masse dick wird, aber nicht kochen. Die Gelatine in kaltem Wasser einweichen, ausdrücken und in der heißen Creme auflösen. Die Creme abkühlen lassen, dabei immer wieder gut durchrühren.

Die Sahne mit dem Puderzucker steif schlagen und unter die erkaltete Creme heben. Die Vanillecreme kalt stellen.

Den Blätterteig ausrollen und in gleichmäßige Rechtecke schneiden. Die Rechtecke mit etwas Abstand auf ein mit Backpapier ausgelegtes Backblech legen und im vorgeheizten Backofen bei 200 °C 15 Minuten backen. Auskühlen lassen.

Mit einem Messer jede Blätterteigschnitte vorsichtig waagerecht durchschneiden, die Vanillecreme auf die unteren Gebäckteile aufstreichen. Die oberen Gebäckteile wieder auflegen und mit Puderzucker bestauben.

Limetten-Baiserschnitten

Zubereitung: 50 Minuten plus 25 Minuten Backzeit und 6 Stunden Kühlzeit
Ergibt etwa 6 Stück

Zutaten

Für den Teig
150 g Butter
150 g Zucker
2 EL Vanillezucker
6 Eigelb
180 g Mehl
½ Päckchen Backpulver

Für die Baisermasse
6 Eiweiß
1 Prise Salz
1 EL Zitronensaft
200 g Zucker
100 g Mandelblättchen

Für die Füllung
6 Blatt weiße Gelatine
400 g Sauerrahm
75 g Zucker
2 EL Vanillezucker
Saft von einer Limette
400 g Sahne
2 Päckchen Sahnesteif

Butter, Zucker und Vanillezucker schaumig rühren. Das Eigelb nach und nach unterrühren. Mehl und Backpulver mischen und unterheben. Den Teig gleichmäßig auf ein mit Backpapier ausgelegtes Backblech streichen und im vorgeheizten Backofen bei 180 °C etwa 15 Minuten blassgelb backen.

Für die Baisermasse das Eiweiß mit dem Salz und Zitronensaft sehr steif schlagen. Den Zucker dabei langsam einrieseln lassen. Den Eischnee gleichmäßig auf dem vorgebackenen Boden verstreichen und die Mandelblättchen darauf verteilen. Etwa 10 Minuten weiterbacken, bis die Mandeln leicht gebräunt sind. Aus dem Ofen nehmen, quer halbieren und auskühlen lassen.

Die Gelatine in kaltem Wasser einweichen. Sauerrahm, Zucker, Vanillezucker und Limettensaft in einer Schüssel verrühren. Die Gelatine leicht ausdrücken und in einem kleinen Topf bei niedriger Temperatur auflösen. 2–3 EL der Sauerrahmmasse mit der Gelatine verrühren und diese Mischung unter die restliche Sauerrahmmasse rühren. Kurz kalt stellen und etwas fest werden lassen.

Die Sahne mit Sahnesteif steif schlagen und unter die Sauerrahmcreme heben. Einen Backrahmen so um eine Gebäckhälfte stellen, dass diese fest umschlossen ist. Die Creme darauf verstreichen, die zweite Gebäckhälfte darauflegen und 5–6 Stunden kalt stellen. Den Backrahmen lösen und den Kuchen in gleichmäßige Stücke schneiden.

Tipp: Diese leckeren Schnitten schmecken am zweiten Tag noch besser. Wenn Sie Zeit haben, bereiten Sie sie einen Tag vorher zu.

Kirschschnitten k. u. k.

Zubereitung: 30 Minuten plus
25 Minuten Backzeit
Ergibt etwa 12 Stück

Zutaten

Für den Kuchen
1 Glas Sauerkirschen (680 g)
225 g Butter | 220 g Zucker
3 Eier | 5 Eigelb | 5 Eiweiß
250 g gemahlene Mandeln
80 g gemahlene Haselnüsse
100 g Zartbitterschokolade, gehackt
20 g Kakao | 1 TL Zimt
1 Msp. Nelkenpulver
1 Msp. geriebene Muskatnuss

Zum Servieren
200 ml Sahne | 1–2 EL Puderzucker

Die Sauerkirschen abtropfen lassen. Die Butter mit 120 g Zucker schaumig rühren. Die Eier und das Eigelb nach und nach unterrühren. Das Eiweiß mit dem restlichen Zucker steif schlagen und unter die Schaummasse heben. Mandeln, Nüsse, Schokolade, Kakao und Gewürze mischen und vorsichtig unter die Eimasse rühren. Den Teig gleichmäßig auf ein mit Backpapier ausgelegtes Backblech streichen, die Kirschen darauf verteilen. Im vorgeheizten Backofen bei 180 °C 25 Minuten backen. Auskühlen lassen.

In gleichmäßige Quadrate schneiden. Die Sahne mit Puderzucker steif schlagen und dazu servieren.

Info: Ob die legendäre Kaiserin Elisabeth schon diese feinen Kirschschnitten gegessen hat, weiß ich leider nicht. Ich habe die Schnitten bei einem Wienbesuch kennengelernt und muss sagen, sie sind einer Kaiserin auf alle Fälle würdig.

Schokoladenschnitten

Zubereitung: 1 Stunde 20 Minuten plus
15 Minuten Backzeit und 3 Stunden Kühlzeit
Ergibt etwa 12 Stück

Zutaten

Für den Teig
200 g Butter | 200 g Zucker | 5 Eier
200 g gemahlene Mandeln
200 g Zartbitterschokolade, gerieben
100 g Mehl

Zum Verzieren
150 g Zartbitterkuvertüre, gehackt
100 g Mandelblättchen

Zum Servieren
200 g Sahne
50 g Zartbitterschokolade, gehackt

Die Butter, den Zucker und die Eier etwa 5 Minuten schaumig rühren. Die Mandeln mit der Schokolade und dem Mehl mischen und unterheben. Den Teig auf ein mit Backpapier ausgelegtes Backblech geben und gleichmäßig verstreichen. Im vorgeheizten Backofen bei 170 °C 15 Minuten backen. Auskühlen lassen.

Die Kuvertüre über dem Wasserbad schmelzen. Die Gebäckplatte in quadratische Stücke von etwa 5 cm Kantenlänge schneiden. Jedes Stück mit Kuvertüre überziehen und mit Mandelblättchen verzieren.

Die Sahne in einem Topf erhitzen und die Zartbitterschokolade langsam darin schmelzen. Abkühlen lassen und etwa 3 Stunden kalt stellen.

Die Schokoladensahne steif schlagen und zu den Schokoladenschnitten servieren.

Crème-brûlée-Schnitten

Zubereitung: 40 Minuten plus
26 Minuten Backzeit
Ergibt etwa 12 Stück

Zutaten

Für den Teig
75 g weiche Butter
75 g Puderzucker
2 EL Vanillezucker
2 Eier
130 g Mehl
20 g Kakao
1 TL Backpulver
40 ml Espresso

Für die Creme
20 g Speisestärke
500 ml Milch
120 g Zucker
Mark von 1 Vanilleschote
6 Eigelb

Zum Karamellisieren
5 EL Puderzucker

Für den Teig die Butter mit dem Puderzucker und dem Vanillezucker schaumig rühren. Die Eier nach und nach unterrühren. Mehl, Kakao und Backpulver mischen und unter die Eimasse heben. Den Espresso unterrühren. Einen Backrahmen auf ein mit Backpapier ausgelegtes Backblech stellen, den Teig hineingeben und glatt streichen. Im vorgeheizten Backofen bei 175 °C 8 Minuten vorbacken.

In der Zwischenzeit die Speisestärke mit etwa 50 ml Milch verrühren. Die restliche Milch mit dem Zucker und dem Vanillemark aufkochen. Die Speisestärke dazugeben und etwa 1 Minute unter Rühren kochen lassen. Von der Herdplatte nehmen und das Eigelb nach und nach unterrühren. Die Vanillecreme auf dem vorgebackenen Boden verstreichen und 15 Minuten weiterbacken.

Den Kuchen aus dem Ofen nehmen und mit Puderzucker bestauben. Mit der Grillfunktion des Backofens 2–3 Minuten karamellisieren. Auskühlen lassen.

Mit einem scharfen Messer den Backrahmen lösen und den Kuchen in gleichmäßige Stücke schneiden.

Mandelrolle mit Marzipanhülle

Zubereitung: 1 Stunde plus
7 Minuten Backzeit
Ergibt etwa 7 Stücke

Zutaten

Für den Teig
4 Eier
200 g Zucker
200 g gemahlene Mandeln
4 EL Speisestärke
2 TL Backpulver
1 TL Vanillezucker
Zucker (zum Stürzen)

Für die Füllung
200 g Sahne
1 EL Puderzucker
200 g Konfitüre (z. B. Sauerkirschkonfitüre)

Zum Verzieren
100 g Mandelblättchen
2 EL Butter
50 g Puderzucker
200 g Marzipanrohmasse (oder eine fertige Marzipandecke)
2–3 EL Puderzucker (zum Ausrollen)

Die Eier schaumig schlagen, den Zucker einrieseln lassen und weiterschlagen, bis die Masse fast weiß ist. Mandeln, Speisestärke, Backpulver und Vanillezucker mischen und unter die Eimasse heben. Die Masse gleichmäßig auf ein mit Backpapier ausgelegtes Backblech streichen. Im vorgeheizten Backofen bei 220 °C 6–7 Minuten backen. Aus dem Ofen nehmen, auf ein mit Zucker bestreutes Backpapier stürzen. Das Backpapier abziehen und den Biskuit abkühlen lassen.

Für die Füllung die Sahne mit dem Puderzucker steif schlagen. Die Konfitüre auf die Gebäckplatte streichen, etwa zwei Drittel der Sahne gleichmäßig darüberstreichen und die Gebäckplatte von der kürzeren Seite her aufrollen. Die Rolle mit der restlichen Sahne einstreichen und kalt stellen.

Die Mandelblättchen in einer Pfanne ohne Fett nicht zu dunkel anrösten. Die Butter in einem Topf schmelzen, den Puderzucker dazugeben und rühren, bis sich der Zucker aufgelöst und alles eine goldgelbe Farbe angenommen hat. Die Mandelblättchen vorsichtig unterheben, abkühlen lassen.

Die Marzipanrohmasse mit etwas Puderzucker zu einer dünnen Platte ausrollen und glatt über die Mandelrolle legen. Die karamellisierten Mandeln darüberstreuen.

Pastel-tres-Leches

Zubereitung: 30 Minuten plus 45 Minuten Backzeit und 13 Stunden Ruhe- und Kühlzeit
Ergibt etwa 8 Stücke

Zutaten

Für den Teig
5 Eiweiß
1 Prise Salz
50 g Zucker
100 g Mehl
2 TL Backpulver
Mark von 1 Vanilleschote
5 Eigelb
Butter, Semmelbrösel (für die Form)

Zum Tränken
1 Tube Milchmädchen (gezuckerte Kondensmilch, 170 g)
200 ml Sahne
150 ml Milch

Zum Servieren
Karamellaufstrich
frische Erdbeeren (oder andere Früchte), vorbereitet

Das Eiweiß mit dem Salz und dem Zucker steif schlagen. Das Mehl mit dem Backpulver und dem Vanillemark mischen und sorgfältig mit dem Eigelb verrühren. Den Eischnee unterheben. Eine rechteckige Kuchen- oder Auflaufform (24 x 35 cm) buttern und mit Semmelbröseln ausstreuen. Den Teig hineingeben und im vorgeheizten Backofen bei 150 °C 45 Minuten backen. Etwa 1 Stunde in der Form ruhen lassen.

Den Kuchen auf eine Kuchenplatte geben, in gleichmäßige Quadrate schneiden und die Oberfläche mehrmals mit einer Gabel einstechen. Die Kondensmilch mit der Sahne und der Milch mischen und den Kuchen damit tränken. Mindestens 12 Stunden kalt stellen.

Den Karamellaufstrich darauf verstreichen und mit den Erdbeeren servieren.

Info: *Der Pastel-tres-Leches* (was so viel wie »Drei-Milcharten-Kuchen« bedeutet) stammt ursprünglich aus Mexiko. Und obwohl ich dort mehrere Jahre gelebt habe, hatte ich ihn völlig vergessen. Erst auf einem Fest im Kindergarten ist er mir wieder aufgefallen. Mitgebracht hatte ihn die Mutter einer Freundin meiner kleinen Tochter, die wiederum aus dem Kosovo stammt. Dort ist er unter dem Namen »Trilege« bekannt und sehr beliebt.
Der Karamellaufstrich, auch bekannt als »Dulce de Leche«, ist manchmal schwer zu bekommen. In letzter Zeit habe ich ihn allerdings oft von »Bonne Maman®« im Supermarkt entdeckt.

Klein & fein

Klein ist doch manchmal viel feiner als groß! Nein, nein, nicht das, was Sie jetzt denken! Aber ist es nicht viel feiner, zum Geburtstag ein kleines, edles Schächtelchen zu bekommen, mit einem Ring mit einem klitzekleinen Diamanten? Vielleicht auch zweien? Oder hätten Sie lieber den Staubsauger im Riesenpaket?

Also, es kommt eben doch nicht auf die Größe an. Es sind oft die kleinen Dinge, die im Leben Freude bringen.

Bienenstich-Cupcakes

Zubereitung: 1 Stunde plus
23 Minuten Backzeit
Ergibt 12 Stück

Zutaten

Für den Teig
300 g Mehl
1 Päckchen Backpulver
100 g Zucker
130 g Quark (20 % Fett i. Tr.)
1 Ei
50 ml Sonnenblumenöl
50 ml Milch

Für den Belag
50 g Butter
25 g Zucker
1 EL Vanillezucker
25 g Aprikosenkonfitüre
100 g Mandelblättchen

Für die Füllung
1 Päckchen Vanillepuddingpulver
80 g Zucker
2 EL Vanillezucker
500 ml Milch
4 Blatt weiße Gelatine
200 g Sahne

Mehl, Backpulver, Zucker, Quark, Ei, Öl und Milch mischen und zu einem geschmeidigen Teig verarbeiten. Ein Muffinblech mit Papierförmchen auskleiden, den Teig gleichmäßig einfüllen und beiseitestellen.

Für den Belag die Butter in einem Topf schmelzen. Zucker, Vanillezucker und Konfitüre dazugeben und rühren, bis sich der Zucker aufgelöst hat. Die Mandelblättchen vorsichtig unterheben und den Belag gleichmäßig auf dem Teig verteilen. Im vorgeheizten Backofen bei 175 °C 15–20 Minuten backen. Mit der Grillfunktion des Backofens 2–3 Minuten überbacken, bis die Mandeln eine goldgelbe Farbe annehmen und die Cupcakes eine schöne Kruste bekommen. Auskühlen lassen.

Für die Füllung aus Puddingpulver, Zucker, Vanillezucker und der Milch einen Pudding zubereiten. Die Gelatine in kaltem Wasser einweichen, ausdrücken und im heißen Pudding auflösen. Den Pudding in eine Schüssel umfüllen und abkühlen lassen. Dabei öfter umrühren, damit sich keine Haut bildet.

Die Sahne steif schlagen und unter den erkalteten Pudding heben. Die Cupcakes in der Mitte durchschneiden und mit der Vanillecreme füllen.

Tipp: Wenn Sie keine Cupcakes machen möchten, können Sie diesen Teig natürlich auch in einer Springform backen. Das Rezept bleibt gleich, nur die Zutatenmengen für den Mandelbelag sollten Sie dann verdoppeln und die Backzeit verlängert sich auf 30 Minuten.

Black-and-White-Whoopies

Zubereitung: 20 Minuten plus
12 Minuten Backzeit
Ergibt 12 Stück

Zutaten

Für den Teig
75 g Butter | 150 g Zucker
2 Eier | 250 g Mehl
1 TL Backpulver | 50 g Kakao
1 Prise Salz
1 TL gemahlener Kardamom
100 ml Milch

Für die Creme
200 g Doppelrahmfrischkäse
50 g Puderzucker
2 EL Vanillezucker
200 g Sahne

Die Butter mit dem Zucker cremig schlagen. Die Eier nach und nach unterrühren. Mehl, Backpulver, Kakao, Salz und Kardamom mischen und abwechselnd mit der Milch unter die Eimasse rühren. Zwei Backbleche mit Backpapier auslegen. Mit einem Löffel jeweils zwölf kleine Teighäufchen auf die Bleche setzen. Dabei zwischen den Häufchen etwas Abstand lassen, da die Whoopies beim Backen etwas auseinandergehen. Beide Bleche in den auf 170 °C Umluft vorgeheizten Backofen geben und die Whoopies 10–12 Minuten backen. Auf einem Kuchengitter auskühlen lassen.

Den Frischkäse mit Puderzucker und Vanillezucker glatt rühren. Die Sahne steif schlagen und portionsweise unter den Frischkäse heben. Bei der Hälfte der Whoopies mithilfe eines Spritzbeutels oder mit einem Löffel etwas Vanillecreme auf die Unterseite geben, mit einem zweiten Whoopie abdecken.

Schokobrezeln

Zubereitung: 15 Minuten plus
15 Minuten Backzeit
Ergibt etwa 20 Stück

Zutaten

Für die Füllung
50 g Haselnüsse, gehackt
150 g Nuss-Nugat-Creme

Für den Teig
1 Packung frischer Blätterteig
(oder TK, aufgetaut)

Zum Bestreuen
20 g brauner Zucker

Für die Füllung die Haselnüsse in einer Pfanne ohne Fett hellbraun rösten. Den Blätterteig auseinanderrollen und die Nuss-Nugat-Creme gleichmäßig darauf verstreichen. Die Haselnüsse darüberstreuen.

Den Teig von der langen Seite her bis zur Mitte aufrollen. Mit der gegenüberliegenden Seite genauso verfahren. Mit einem scharfen Messer etwa 1,5 cm dicke Scheiben von der Doppelrolle schneiden. Die Scheiben auf ein mit Backpapier ausgelegtes Backblech legen und mit braunem Zucker bestreuen. Im vorgeheizten Backofen bei 220 °C 10–15 Minuten goldbraun backen.

Eiscreme-Sandwiches

Zubereitung: 35 Minuten plus 30 Minuten Backzeit und 30 Minuten Gefrierzeit
Ergibt etwa 6 Stück

Zutaten

Für den Teig
200 g weiche Butter | 180 g Zucker
4 Eier | 250 g Mehl
200 g gemahlene Mandeln
½ Päckchen Backpulver
100 ml Milch
100 g Zartbitterschokolade, gehackt
2 EL Kakao

Für die Füllung
500 g Erdbeereis | 200 ml Sahne
1 EL Puderzucker

Die Butter mit dem Zucker cremig schlagen. Die Eier nach und nach unterrühren. Mehl, Mandeln und Backpulver mischen und abwechselnd mit der Milch unter die Eimasse rühren. Schokolade und Kakao unterziehen. Den Teig auf ein mit Backpapier ausgelegtes Backblech geben und glatt streichen. Im vorgeheizten Backofen bei 200 °C 30 Minuten backen. Auskühlen lassen.

Das Speiseeis antauen lassen. Den Kuchen in gleichmäßige Rechtecke schneiden. Die Sahne mit dem Puderzucker steif schlagen und mit dem Eis vermischen. Je zwei Kuchenstücke mit der Eiscreme zusammensetzen. Die Eiscremesandwiches 30 Minuten ins Gefrierfach stellen, dann servieren.

Info: Ideal für einen Kindergeburtstag, aber ganz ehrlich, nicht nur dafür. Diese Eiscremesandwiches sind eine Offenbarung!

Windbeutel mit Beerensahne

Zubereitung: 35 Minuten plus 30 Minuten Backzeit
Ergibt etwa 15 Stück

Zutaten

Für den Teig
125 g Butter
¼ TL Salz
150 g Mehl
4 Eier

Für die Füllung
200 g Sahne
2 EL Vanillezucker
100 g frische Beeren (nach Belieben Himbeeren, Erdbeeren, Heidelbeeren o. Ä.), vorbereitet

Die Butter mit 250 ml Wasser und dem Salz in einem Topf aufkochen. Das gesamte Mehl auf einmal hineingeben und bei niedriger Temperatur mit einem Kochlöffel kräftig rühren, bis sich ein Teigkloß und ein weißlicher Belag auf dem Topfboden gebildet haben. Den Teig in eine Rührschüssel geben und kurz abkühlen lassen. Die Eier mit einem Handrührgerät nach und nach kräftig unterrühren, bis der Teig glatt und glänzend ist. Mithilfe eines Spritzbeutels Rosetten auf ein mit Backpapier ausgelegtes Backblech spritzen. Im vorgeheizten Backofen bei 200 °C 30 Minuten backen. Die Windbeutel noch heiß aufschneiden und auf einem Gitter auskühlen lassen.

Die Sahne mit dem Vanillezucker steif schlagen. Die Beeren eventuell klein schneiden, unterheben und die Windbeutel mit der Beerensahne füllen.

Info: Füllen Sie die Windbeutel nach Lust und Laune, mal schokoladig, mal fruchtig, wie Sie mögen! Der Fantasie sind keine Grenzen gesetzt.

Cremetörtchen »Belem«

Zubereitung: 20 Minuten plus
25 Minuten Backzeit
Ergibt 12 Stück

Zutaten

Für die Böden
1 Packung frischer Blätterteig
(oder TK, aufgetaut)
Butter (zum Einfetten)

Für die Füllung
300 ml Milch
200 g Sahne
150 g Zucker
1 Zimtstange
1 Stück Schale einer unbehandelten Zitrone
Mark von ½ Vanilleschote
5 Eigelb
50 g Mehl

Zum Bestauben
Puderzucker

Den Blätterteig etwa 3 mm dick ausrollen und zwölf Kreise von etwa 10 cm Durchmesser ausstechen. Die Mulden eines Muffinblechs mit Butter einfetten, mit den Teigkreisen auskleiden und kalt stellen.

Für die Füllung Milch und Sahne mit Zucker, Zimtstange, Zitronenschale und Vanillemark in einem Topf aufkochen und 10 Minuten ziehen lassen. Das Eigelb und das Mehl mit einem Schneebesen verrühren, bis keine Klümpchen mehr vorhanden sind, und in die heiße Milchmischung geben. Unter ständigem Rühren erhitzen, bis die Masse dick wird. Zimtstange und Zitronenschale entfernen und die Creme gleichmäßig auf den Blätterteigböden verteilen. Im vorgeheizten Backofen bei 200 °C 25 Minuten backen. Die Törtchen einige Minuten in der Form ruhen lassen, herausnehmen und auf einem Kuchengitter auskühlen lassen.

Mit etwas Puderzucker bestaubt servieren.

Info: Bäckereien im Ausland haben eine ungeheure Anziehungskraft. Mein Mann, meine Töchter und ich haben dort schon die tollsten Sachen probieren dürfen. Diese Cremetörtchen stammen aus Portugal und heißen eigentlich »Pastéis de Belem«.

Pistazien-Cupcakes

Zubereitung: 20 Minuten plus
20 Minuten Backzeit
Ergibt 12 Stück

Zutaten

Für den Teig
100 g Butter
120 g Pistazienkerne
3 Eier
75 g Rohrzucker
80 g Mehl
1 gehäufter TL Backpulver
1 Prise Salz

Für das Topping
250 g Mascarpone
50 g Puderzucker
1 EL Zitronensaft

Die Butter schmelzen und abkühlen lassen. Die Hälfte der Pistazien mit einem Blitzhacker fein zerkleinern, die andere Hälfte mit einem Messer klein hacken. Die Eier mit dem Zucker sehr schaumig schlagen. Jeweils die Hälfte der fein zerkleinerten und der gehackten Pistazien mit dem Mehl, dem Backpulver und dem Salz mischen und unter die Schaummasse heben. Die Butter dazugeben und unterziehen. Ein Muffinblech mit Papierförmchen auskleiden und den Teig gleichmäßig einfüllen. Im vorgeheizten Backofen bei 180 °C 15–20 Minuten backen. Auskühlen lassen.

Für das Topping den Mascarpone mit dem Puderzucker, den restlichen fein zerkleinerten Pistazien und dem Zitronensaft verrühren. Die Masse in einen Spritzbeutel füllen und die Cupcakes damit verzieren. Mit den restlichen gehackten Pistazien bestreuen.

Karamellmuffins

Zubereitung: 15 Minuten plus
30 Minuten Backzeit
Ergibt 12 Stück

Zutaten

Für den Teig
100 g Butter
4 EL Karamellaufstrich
200 g weiche Karamellbonbons
100 g Zucker
2 Eier
200 g Crème fraîche
250 g Mehl
2 TL Backpulver

Die Butter in einem Topf schmelzen, den Karamellaufstrich unterrühren. Kurz abkühlen lassen. Die Karamellbonbons in kleine Stücke hacken. Zucker, Eier und Crème fraîche mit der Buttermischung verrühren. Mehl und Backpulver mischen, darübersieben und alles gut vermengen. Die Hälfte der Karamellbonbons unter den Teig heben. Ein Muffinblech mit Papierförmchen auskleiden, den Teig gleichmäßig einfüllen und die restlichen Karamellbonbons darüberstreuen. Im vorgeheizten Backofen bei 180 °C 25–30 Minuten backen.

LOTTA

Rote-Bete-Cupcakes

Zubereitung: 20 Minuten plus
25 Minuten Backzeit
Ergibt 12 Stück

Zutaten

Für den Teig
200 g gekochte, geschälte Rote Bete
150 ml Sonnenblumenöl | 3 Eier
200 g Zucker | 2 EL Vanillezucker
150 g Mehl | 60 g Kakao | 2 TL Backpulver

Für das Topping
100 g Mascarpone | 50 g Johannisbeergelee
1 EL Zitronensaft | 1 EL Puderzucker
Johannisbeeren

Die Rote Bete klein schneiden, pürieren und das Öl unterrühren. Die Eier mit dem Zucker und dem Vanillezucker schaumig schlagen. Mehl, Kakao und Backpulver mischen und unter die Schaummasse heben. Die Rote-Bete-Mischung dazugeben und unterziehen. Ein Muffinblech mit Papierförmchen auskleiden und den Teig gleichmäßig einfüllen. Im vorgeheizten Backofen bei 175 °C 25 Minuten backen. Auskühlen lassen.

Für das Topping den Mascarpone mit dem Johannisbeergelee, dem Zitronensaft und dem Puderzucker verrühren. Von der Creme je einen Klecks auf die Cupcakes setzen und mit ein paar Johannisbeeren verziert servieren.

Rotwein-Cupcakes

Zubereitung: 35 Minuten plus 30 Minuten
Backzeit und 1 Stunde Kühlzeit
Ergibt 12 Stück

Zutaten

Für den Teig
300 g Margarine
300 g Zucker
2 EL Vanillezucker
5 Eier
400 g Mehl
1 EL Kakao
1 Päckchen Backpulver
1 TL Zimt
125 ml Rotwein
100 g Schokostreusel

Für die Creme
3 Blatt weiße Gelatine
100 ml Rotwein (oder Traubensaft)
200 ml Sahne
3 EL Zucker

Die Margarine mit Zucker und Vanillezucker cremig schlagen. Die Eier nach und nach unterrühren. Mehl, Kakao, Backpulver und Zimt mischen und unter die Eimasse rühren. Den Rotwein dazugeben und mit den Schokostreuseln unterziehen. Ein Muffinblech mit Papierförmchen auskleiden und den Teig gleichmäßig einfüllen. Im vorgeheizten Backofen bei 175 °C 30 Minuten backen. Auskühlen lassen.

Die Gelatine in kaltem Wasser einweichen. Den Rotwein erwärmen und die ausgedrückte Gelatine darin auflösen. Abkühlen lassen. Die Sahne mit dem Zucker steif schlagen, die Rotweinmischung unterrühren und die Creme etwa 30 Minuten kalt stellen. Sobald die Creme zu gelieren beginnt, die Cupcakes mithilfe eines Spritzbeutels damit verzieren. Nochmals etwa 30 Minuten kalt stellen.

Info: Warum plötzlich Margarine? Meine Mama machte einen unheimlich leckeren Rotweinkuchen, und zwar mit Margarine. Mit Butter wird er angeblich nicht so locker. Tja, daran will ich lieber nicht rütteln, auch wenn ich den Teig in einer Muffinform backe.

Limetten-Kokos-Pops

Zubereitung: 1 Stunde 30 Minuten plus
50 Minuten Backzeit und 1 Stunde Kühlzeit
(ohne Auskühlzeit)
Ergibt etwa 35 Stück

Zutaten

Cake-Pop-Sticks

Für den Teig
180 g Butter
180 g Zucker
3 Eier
200 g Mehl
50 g Kokosflocken
2 TL Backpulver
abgeriebene Schale und Saft von
einer unbehandelten Limette
Butter, Mehl (für die Form)

Für die Creme
200 g Doppelrahmfrischkäse
100 g Butter
50 g Puderzucker
Saft von ½ Limette

Zum Verzieren
250 g weiße Kuvertüre, gehackt
150 g Vanille-Kuchenglasur
Nonpareilles (oder andere Zuckerdeko)

Für den Teig die Butter mit dem Zucker cremig rühren. Die Eier nach und nach unterrühren. Mehl, Kokosflocken und Backpulver mischen und unter die Eimasse rühren. Limettenschale und -saft unterziehen. Den Teig in eine gebutterte und bemehlte Kastenkuchenform geben. Im vorgeheizten Backofen bei 180 °C 45–50 Minuten backen. Stäbchenprobe machen. Dazu ein Holzstäbchen in die Mitte des Kuchens stechen. Bleibt kein Teig daran kleben, ist der Kuchen fertig. Auskühlen lassen.

Den Kuchen zerbröseln. Den Frischkäse mit der Butter, dem Puderzucker und dem Limettensaft cremig rühren. Die Kuchenbrösel dazugeben und alles zu einer geschmeidigen Masse verarbeiten. Aus der Masse gleichmäßige Kugeln formen und auf ein Backblech legen.

Etwa 50 g Kuvertüre über dem Wasserbad schmelzen. Die Cake-Pop-Sticks jeweils etwa 1 cm tief in die Kuvertüre tauchen und sofort in eine Kuchenkugel stecken. Etwa 1 Stunde kalt stellen.

Wenn die Kugeln und die Kuvertüre schön fest geworden sind, die restliche Kuvertüre mit der Kuchenglasur über dem Wasserbad schmelzen. Die Kugeln in die Schokolade tauchen, kurz abtropfen lassen und nach Lust und Laune mit Zuckerperlen verzieren. Zum Trocknen am besten in einen Styroporblock stecken.

Macarons mit Moccafüllung

Zubereitung: 20 Minuten plus 12 Stunden Kühlzeit, 20 Minuten Ruhezeit und 25 Minuten Backzeit
Ergibt etwa 30 Stück

Zutaten

Für die Füllung
200 ml Sahne
75 g Vollmilchschokolade, gehackt
75 g Zartbitterschokolade, gehackt
1 TL lösliches Kaffeepulver

Für den Teig
3 Eiweiß
1 Prise Salz
½ TL Zitronensaft
175 g Zucker
2 TL Vanillezucker
175 g gemahlene Mandeln
75 g Zartbitterschokolade, gerieben

Für die Füllung die Sahne in einem Topf erhitzen und die Schokolade darin schmelzen. Das Kaffeepulver dazugeben und unter Rühren auflösen. Über Nacht kalt stellen.

Das Eiweiß mit dem Salz und dem Zitronensaft sehr steif schlagen. Den Zucker und den Vanillezucker langsam einrieseln lassen und weiterschlagen, bis der Eischnee glänzt und Spitzen zieht. Die Mandeln und die Schokolade unterheben. Die Masse in einen Spritzbeutel mit Lochtülle füllen und auf ein mit Backpapier ausgelegtes Backblech nicht zu große Tupfen setzen. Etwa 20 Minuten ruhen lassen, dann im vorgeheizten Backofen bei 140 °C 25 Minuten backen. Auskühlen lassen.

Die Sahnemischung mit einem Schneebesen cremig schlagen und in einen Spritzbeutel mit Lochtülle geben. Die Macarons mit der Creme füllen.

Info: Gefüllte Macarons sollten auf keinen Fall im Kühlschrank lagern, da sie sonst zäh werden.

Beerenmuffins mit Baiserhaube

Zubereitung: 15 Minuten plus 35 Minuten Backzeit
Ergibt 12 Stück

Zutaten

Für den Teig
125 g Butter | 125 g Zucker | 2 Eier
150 g Mehl | 100 g gemahlene Haselnüsse
3 TL Backpulver | 1 Prise Salz
125 ml Milch | 150 g frische Beeren (nach Belieben), vorbereitet

Für die Baisermasse
2 Eiweiß | 1 Prise Salz
100 ml Karamellsirup

Die Butter mit dem Zucker cremig schlagen. Die Eier nach und nach unterrühren. Mehl, Haselnüsse, Backpulver und Salz mischen und abwechselnd mit der Milch unter die Eimasse rühren. Die Beeren unterheben. Ein Muffinblech mit Papierförmchen auskleiden und den Teig einfüllen. Im vorgeheizten Backofen bei 180 °C 20 Minuten backen.

In der Zwischenzeit das Eiweiß mit dem Salz steif schlagen. Den Sirup langsam dazugießen und weiterschlagen, bis der Eischnee glänzt und Spitzen zieht. Die Muffins aus dem Ofen nehmen und mithilfe eines Spritzbeutels die Baisermasse rasch daraufspritzen. 15 Minuten weiterbacken.

Info: Für diese leckeren Muffins können Sie jedes Beerenobst verwenden. Himbeeren, Heidelbeeren, Brombeeren, ganz wie Sie mögen.

SCHWARZE HERREN

Schokolade & Tarte

Schokolade macht uns glücklich, sie ist angeblich sogar gesund, sie macht schlau, sie hebt die Stimmung und laut einer Umfrage ist sie (manchmal) besser als Sex. Die Liste der positiven Eigenschaften von Schokolade ließe sich bestimmt noch beliebig fortsetzen. Aber brauchen wir wirklich noch mehr Gründe? Zu Schokolade gibt es einfach keine Alternative – die geht immer. In jeder Form und zu jeder Zeit! Das kennt man doch noch aus der Werbung in den Achtzigern: »Ich stehe sogar manchmal nachts auf, um mir Schokolade zu holen ...« Schlaues Mädchen.

Schokoladen-Tartelettes mit Moccasahne

Zubereitung: 30 Minuten plus 1 Stunde Kühlzeit und 15 Minuten Backzeit
Ergibt 12 Stück

Zutaten

Für den Teig
200 g Mehl
3 EL Kakao
½ TL Backpulver
50 g Zucker
2 EL Vanillezucker
1 Prise Salz
1 Ei
100 g Butter
Butter (zum Einfetten)
Mehl (zum Ausrollen)

Für die Füllung
200 g Sahne
2 EL Espresso
2 EL Vanillezucker
1 EL klein gehackte Kaffeebohnen

Das Mehl mit dem Kakao und dem Backpulver mischen und auf ein Backbrett sieben. Zucker, Vanillezucker und Salz daraufgeben. In die Mitte eine Mulde drücken und das Ei hineingeben. Die Butter in Flöckchen auf dem Rand verteilen und alles rasch zu einem Mürbeteig verkneten. Den Teig zu einer Kugel formen und in Frischhaltefolie gewickelt 1 Stunde kalt stellen.

Ein Muffinblech umdrehen und die Mulden von außen mit Butter einfetten. Den Mürbeteig auf einem bemehlten Backbrett etwa 3 mm dick ausrollen. Zwölf Kreise etwas größer als der Durchmesser der Muffinmulden ausstechen. Die Teigkreise auf die Mulden legen und jeweils den Rand leicht andrücken. Im vorgeheizten Backofen bei 175 °C 10–15 Minuten backen. Aus dem Ofen nehmen, kurz ruhen lassen, dann vorsichtig von den Mulden lösen. Auskühlen lassen.

Für die Füllung die Sahne mit dem Espresso und dem Vanillezucker steif schlagen und in einen Spritzbeutel mit Sterntülle füllen. Die Tartelettes mit der Moccasahne füllen und mit Kaffeebohnen bestreuen.

Haselnussherzen

Zubereitung: 20 Minuten plus 30 Minuten Backzeit und 3 Stunden Ruhe- und Kühlzeit
Ergibt etwa 6 Stück

Zutaten

Für den Teig
180 g Butter
180 g Zucker
1–2 EL Vanillezucker
5 Eier
120 g Mehl
2 TL Backpulver
170 g Haselnüsse

Für den Guss
2 Päckchen Schokoladenfettglasur

Butter, Zucker und Vanillezucker schaumig rühren. Die Eier nach und nach unterrühren. Mehl, Haselnüsse und Backpulver mischen und unter die Eimasse heben. Den Teig in Herz-Backförmchen aus Silikon füllen und im vorgeheizten Backofen bei 180 °C 25–30 Minuten backen. Stäbchenprobe machen (siehe Seite 49). Die fertigen Herzen aus den Förmchen lösen und mindestens 1 Stunde ruhen lassen.

Die Backförmchen sauber auswaschen und gut abtrocknen. Die Schokoladenfettglasur nach Packungsanweisung schmelzen, in die Förmchen gießen und die Herzen hineinlegen. Mindestens 3 Stunden kalt stellen.

Die Herzen vorsichtig aus den Förmchen stürzen und servieren.

Info: Diesen tollen Trick mit der Glasur habe ich von einer Freundin gelernt. Danke Karin! Eigentlich ist es nebensächlich, ob es sich um kleine Herzen, Minigugelhupf- oder Blumenformen handelt, alles ist möglich. Wichtig ist nur, dass man weiche Silikonbackformen verwendet. Außerdem muss man der Fettglasur genügend Zeit zum Trocknen geben. Wenn man die kleinen Kuchen dann vorsichtig aus der Form löst, haben sie einen wunderbaren Glanz, man sieht jedes Detail und sie sehen einfach perfekt aus.

Brownies »Rocky Road«

Zubereitung: 25 Minuten plus
55 Minuten Backzeit
Ergibt etwa 16 Stücke

Zutaten

Für den Teig
350 g Zartbitterschokolade, gehackt
250 g Butter
5 Eier
200 g Zucker
1 EL Ahornsirup
210 g Mehl
2 TL Backpulver
1 Prise Salz
50 g Mandeln, gehackt
50 g Haselnüsse, gehackt
60 g Pistazien, gehackt
Butter (zum Einfetten)

Für die Karamellsauce
150 g Zucker
200 g Sahne

Zum Bestreuen
40 g Mini-Marshmallows

Die Schokolade mit der Butter über dem Wasserbad schmelzen. Etwas abkühlen lassen. Die Eier mit dem Zucker etwa 10 Minuten dickcremig aufschlagen. Den Ahornsirup unterrühren. Das Mehl mit dem Backpulver und dem Salz mischen. Die Schokoladenmischung unter die Eimasse ziehen, dann die Mehlmischung und die Hälfte der Mandeln, Haselnüsse und Pistazien unterheben. Eine rechteckige Form (24 x 35 cm) mit Butter einfetten, den Teig hineingeben und glatt streichen. Im vorgeheizten Backofen bei 175 °C 50 Minuten backen.

In der Zwischenzeit für die Karamellsauce den Zucker in einer Pfanne unter ständigem Rühren goldbraun karamellisieren. Die Sahne dazugießen und bei geringer Temperatur köcheln lassen, bis sich der Karamell aufgelöst hat. Vom Herd nehmen.

Den Kuchen aus dem Ofen nehmen und mit einem Zahnstocher mehrmals einstechen. Die Karamellsauce darüberträufeln, die restlichen Mandeln, Nüsse und Pistazien sowie die Marshmallows darüberstreuen. Nochmals 5 Minuten backen. Auskühlen lassen.

Knusprige Schokoladentörtchen

Zubereitung: 20 Minuten plus
2 Stunden Kühlzeit
Ergibt etwa 10 Stück

Zutaten

Für die Böden
300 g Zartbitterkuvertüre, gehackt
80 g Cornflakes
50 g Mandelsplitter
100 g weiche Karamellbonbons
1–2 EL Sahne

Für die Schokoladensahne
200 g Sahne
2 EL Puderzucker
1 EL Kakao

Die Kuvertüre über dem Wasserbad schmelzen. Die Cornflakes und die Mandelsplitter vorsichtig unterheben. Ein Backblech mit Backpapier auslegen und die Cornflakesmasse in Kreisen von 6–8 cm Durchmesser darauf verstreichen. Die Böden kurz stehen lassen.

In der Zwischenzeit die Karamellbonbons in einem Topf schmelzen und die Sahne unterrühren. Den Karamell über die Knusperböden sprenkeln und 2 Stunden kalt stellen.

Die Sahne mit dem Puderzucker steif schlagen und den Kakao unterheben. Die Sahne in einen Spritzbeutel füllen und kleine Tupfen auf die Böden setzen.

Tipp: Statt den Mandelsplittern können Sie natürlich auch andere Kerne oder Nüsse verwenden. Erdnussfans können z. B. ungesalzene Erdnüsse klein hacken und unterheben. Zusammen mit dem Karamell eine tolle Kombination.

Schokoladentarte

Zubereitung: 20 Minuten plus
30 Minuten Backzeit
Ergibt etwa 12 Stücke

Zutaten

Für den Teig
200 g Zartbitterschokolade, gehackt
100 g Butter | 3 Eiweiß
1 Prise Salz | 3 Eigelb
80 g Zucker | 2 EL Vanillezucker
50 g Mehl | Butter (zum Einfetten)

Zum Bestauben
1–2 EL Puderzucker

Die Schokolade mit der Butter über dem Wasserbad schmelzen und etwas abkühlen lassen. Das Eiweiß mit dem Salz steif schlagen. Das Eigelb in einer Rührschüssel mit dem Zucker, dem Vanillezucker und der Schokoladen-Butter-Mischung verrühren. Das Mehl sieben und unterheben. Den Eischnee unterziehen. Den Teig in eine gebutterte Springform geben und im vorgeheizten Backofen bei 180 °C 30 Minuten backen. Auskühlen lassen und mit Puderzucker bestauben.

Tipp: Diese Schokoladentarte zergeht auf der Zunge! Aber bitte sparen Sie nicht an der Schokolade. Verwenden Sie nur ein qualitativ hochwertiges Produkt, sonst ist die Enttäuschung vorprogrammiert.

Schokoladen-Eclairs

Zubereitung: 40 Minuten plus
30 Minuten Backzeit
Ergibt etwa 24 Stück

Zutaten

Für die Füllung
400 g Sahne
100 g Zartbitterschokolade, gehackt

Für den Teig
125 g Butter
¼ TL Salz
150 g Mehl
4 Eier

Für den Guss
100 g Zartbitterkuvertüre, gehackt
20 g Kokosfett

Für die Füllung etwa die Hälfte der Sahne in einem Topf erhitzen und die Schokolade darin schmelzen. Gut verrühren und kalt stellen.

Für den Teig die Butter mit 250 ml Wasser und dem Salz in einem Topf aufkochen. Das gesamte Mehl auf einmal hineingeben und bei niedriger Temperatur mit einem Kochlöffel kräftig rühren, bis sich ein Teigkloß und ein weißlicher Belag auf dem Topfboden gebildet haben. Den Teig in eine Rührschüssel geben und kurz abkühlen lassen. Die Eier mit einem Handrührgerät nach und nach kräftig unterrühren, bis der Teig glatt und glänzend ist. Mithilfe eines Spritzbeutels etwa 8 cm lange Stangen auf ein mit Backpapier ausgelegtes Backblech spritzen. Im vorgeheizten Backofen bei 200 °C 30 Minuten backen. Aus dem Ofen nehmen, noch heiß aufschneiden und auf einem Gitter auskühlen lassen.

Für den Guss die Kuvertüre über dem Wasserbad schmelzen. Das Kokosfett dazugeben und gut verrühren. Die Schokolade nicht zu dick auf die Oberseiten der Eclairs streichen und trocknen lassen.

Die Schokoladensahne mit der restlichen Sahne mischen, steif schlagen und die Eclairs damit füllen.

Pekannuss-Pie

Zubereitung: 25 Minuten plus 1 Stunde Kühlzeit und 1 Stunde 5 Minuten Backzeit
Ergibt etwa 12 Stücke

Zutaten

Für den Teig

280 g Mehl
6 EL Kakao
120 g Puderzucker
1 Prise Salz
1 Ei
200 g Butter
Butter (zum Einfetten)

Für den Belag

100 g Zartbitterschokolade, gehackt
80 g Butter
170 g Zucker
350 g Pekannüsse
3 Eier
3 EL Sahne
2 EL Mehl

Zum Bestauben

1 EL Puderzucker

- Mehl, Kakao, Puderzucker und Salz mischen. Das Ei dazugeben und die Butter in Flöckchen daraufsetzen. Alles rasch zu einem glatten Teig verkneten. Den Teig zu einer Kugel formen und in Frischhaltefolie gewickelt 1 Stunde kalt stellen.

- Eine Springform mit Butter einfetten. Den Teig darin ausrollen, etwa 3 cm Rand hochziehen und den Boden mit einer Gabel mehrmals einstechen. Im vorgeheizten Backofen bei 180 °C 15 Minuten vorbacken.

- In der Zwischenzeit die Schokolade über dem Wasserbad schmelzen, Butter und Zucker dazugeben und gut verrühren. Etwa zwei Drittel der Pekannüsse grob hacken. Die Eier, die Sahne und das Mehl unter die Schokoladenmischung rühren und die gehackten Nüsse unterheben. Die Masse auf dem vorgebackenen Boden verteilen und glatt streichen. Die restlichen Nüsse halbieren und kranzförmig darauflegen. 30 Minuten weiterbacken, dann mit Alufolie abdecken und 20 Minuten fertig backen. Auskühlen lassen und mit Puderzucker bestauben.

Schokomuffins mit Frischkäsefüllung

Zubereitung: 20 Minuten plus
30 Minuten Backzeit
Ergibt 12 Stück

Zutaten

Für den Teig
200 g Mehl | 20 g Kakao | 1 TL Backpulver
180 g Zucker | 1 Msp. Salz | 30 g Zartbitterkuvertüre, gerieben | 80 ml Öl

Für die Füllung
200 g Doppelrahmfrischkäse | 60 g Zucker
1 Eigelb | 2 EL Sahne | Mark von 1 Vanilleschote

Für den Teig alle trockenen Zutaten in einer Schüssel mischen. In einer zweiten Schüssel 250 ml Wasser mit dem Öl mischen, dazugeben und nur so lange rühren, bis die trockenen Zutaten feucht sind.

Für die Füllung den Frischkäse mit Zucker, Eigelb, Sahne und Vanillemark gut verrühren.

Ein Muffinblech mit Papierförmchen auskleiden und den Teig gleichmäßig einfüllen. Die Frischkäsefüllung mithilfe eines Spritzbeutels mittig auf den Teig spritzen. Im vorgeheizten Backofen bei 175 °C 25–30 Minuten backen.

Double-Chocolate-Chip-Cookies

Zubereitung: 15 Minuten plus
15 Minuten Backzeit
Ergibt etwa 45 Stück

Zutaten

Für den Teig
250 g Butter
250 g brauner Zucker
1–2 EL Vanillezucker
1 Prise Salz
2 Eier
360 g Mehl
1 TL Backpulver
100 g Zartbitterschokolade, gehackt
100 g weiße Schokolade, gehackt
100 g Haselnüsse, gehackt

Die Butter mit dem Zucker, dem Vanillezucker und dem Salz schaumig rühren. Die Eier gut unterrühren. Das Mehl sieben, mit dem Backpulver mischen und unterheben. Die Schokolade und die Haselnüsse unter den Teig rühren.

Mit einem Löffel Teigkugeln mit etwas Abstand auf ein mit Backpapier ausgelegtes Backblech setzen. Die Kugeln leicht platt drücken. Im vorgeheizten Backofen bei 175 °C 12–15 Minuten backen.

Himbeer-Schokoladentorte

Zubereitung: 1 Stunde 30 Minuten plus 45 Minuten Backzeit und 1 Tag Ruhezeit
Ergibt etwa 12 Stücke

Zutaten

Für den Teig
6 Eier
250 g Zucker
1 EL Vanillezucker
1 Prise Salz
180 g Mehl
50 g Speisestärke
20 g Kakao
2 TL Backpulver

Für die Füllung und den Belag
800 g Sahne
300 g Zartbitterschokolade, gehackt
300 g frische Himbeeren
3–4 EL Puderzucker
1 Päckchen roter Tortenguss
3 Päckchen Sahnesteif
2 EL Puderzucker
Zartbitterschokolade oder Marzipan
(nach Belieben zum Verzieren)

Für den Biskuit die Eier mit dem Zucker, dem Vanillezucker und dem Salz dickcremig aufschlagen. Das Mehl, die Speisestärke, den Kakao und das Backpulver mischen, über die Eimasse sieben und vorsichtig unterheben. Die Biskuitmasse in eine mit Backpapier ausgelegte Springform geben und im vorgeheizten Backofen bei 175 °C 45 Minuten backen. Stäbchenprobe machen (siehe Seite 49). 1 Tag ruhen lassen.

Etwa ein Drittel der Sahne in einem Topf erhitzen und die Schokolade darin schmelzen. Kalt stellen.

Den Biskuitboden zweimal quer durchschneiden. Die Himbeeren mit dem Puderzucker in einem Topf erhitzen. Den Tortenguss nach Packungsanleitung zubereiten und die Himbeeren unterheben. Alles auf den unteren Tortenboden geben, glatt streichen und kalt stellen.

Die Schokoladensahne mit der restlichen Sahne, dem Sahnesteif und dem Puderzucker mischen, steif schlagen und etwa 1 cm dick auf den abgekühlten Himbeeren verstreichen. Den mittleren Boden daraufsetzen und wiederum eine Schicht Schokoladensahne darauf verstreichen. Den obersten Boden auflegen, die ganze Torte mit Schokoladensahne bestreichen und schön glatt abziehen. Mit Sahnetupfen, geriebener Zartbitterschokolade oder Marzipan verzieren.

Info: Als meine große Tochter 3 Jahre alt wurde, war ihr Geburtstagstortenwunsch folgender: »Schokoteig, Schokosahne, Himbeeren und rosa Rosen drauf«. Damit war die Himbeer-Schokoladentorte geboren. Seitdem gibt es sie an jedem Geburtstag meiner Tochter. Nur die Röschen sind mittlerweile verschwunden, die waren nämlich gar nicht so lecker, wie meine Tochter dachte.

Kokoskuchen mit Schokolade

Zubereitung: 15 Minuten plus
50 Minuten Backzeit
Ergibt etwa 12 Stücke

Zutaten

Für den Teig
200 g Butter
200 g Zucker
4 Eier
200 g Kokoscreme
200 g Mehl
1 EL Backpulver

Zum Verzieren
200 g Zartbitterkuvertüre, gehackt
2–3 EL Kokoschips

Die Butter mit dem Zucker schaumig rühren. Die Eier nach und nach unterrühren. Die Kokoscreme in kleine Stücke schneiden und unter die Eimasse rühren, bis die Creme komplett eingearbeitet ist. Das Mehl mit dem Backpulver mischen und unterheben. Den Teig in eine mit Backpapier ausgelegte Springform geben und im vorgeheizten Backofen bei 180 °C 50 Minuten backen. Stäbchenprobe machen (siehe Seite 49). Auskühlen lassen.

Die Kuvertüre über dem Wasserbad schmelzen. Den Kuchen gleichmäßig damit bestreichen und die Kokoschips darüberstreuen.

Tipp: Diesen Kuchen können Sie in jeder erdenklichen Form backen, als Tarte, als Kastenkuchen, als kleine Muffins. Ganz wie es Ihnen gefällt. Bei Muffins würde ich die Backzeit um die Hälfte kürzen. Kokoscreme ist im Handel übrigens unter dem Namen »Creamed Coconut« zu haben. Sie ist weich, aber schnittfest und geschmacklich viel intensiver als Kokosmilch.

Kokostarte

Zubereitung: 20 Minuten plus 1 Stunde
Kühlzeit und 45 Minuten Backzeit
Ergibt etwa 12 Stücke

Zutaten

Für den Teig
140 g Mehl | 2 EL Puderzucker
1 Prise Salz | 1 Ei | 75 g eiskalte Butter
Butter (zum Einfetten)

Für den Guss
200 g cremige Kokosmilch | 2 Eier
50 g Zucker | 1 EL Speisestärke
1 EL Rum (oder einige Tropfen Rumaroma)

Zum Bestreuen
50 g Zartbitterschokolade, gerieben

Das Mehl mit dem Puderzucker und dem Salz mischen und auf die Arbeitsfläche häufen. In die Mitte eine Mulde drücken und das Ei hineingeben. Die Butter in Flöckchen auf dem Rand verteilen und alles rasch zu einem glatten Teig verkneten. Den Teig zu einer Kugel formen und in Frischhaltefolie gewickelt 1 Stunde kalt stellen.

Eine Springform mit Butter einfetten. Den Teig darin ausrollen, 2–3 cm Rand hochziehen und den Boden mit einer Gabel mehrmals einstechen. Die Kokosmilch mit den Eiern, dem Zucker, der Stärke und dem Rum glatt rühren. Den Guss auf den Teig geben und im vorgeheizten Backofen bei 180 °C 45 Minuten backen. Auskühlen lassen.

Mit geriebener Schokolade bestreut servieren.

Schokoladen-Cakepops

Zubereitung: 1 Stunde 30 Minuten plus 35 Minuten Backzeit und 1 Stunde Kühlzeit (ohne Auskühlzeit)
Ergibt etwa 60 Stück

Zutaten

50–60 Cake-Pop-Sticks

Für den Teig
180 g Butter
180 g Zucker
3 Eier
200 g Mehl
2–3 EL Kakao
2 TL Backpulver
1–2 EL Milch, nach Bedarf
Butter, Mehl (für die Form)

Für die Creme
etwa 300 g Haselnussfrischkäse

Zum Verzieren
250 g Zartbitterkuvertüre, gehackt
150 g dunkle Kuchenglasur
gehackte Nüsse oder Kokosraspel

Für den Teig die Butter mit dem Zucker cremig rühren. Die Eier nach und nach unterrühren. Mehl, Kakao und Backpulver mischen und unter die Eimasse rühren. Nach Bedarf etwas Milch dazugeben. Den Teig in eine gebutterte und bemehlte Kastenform geben. Im vorgeheizten Backofen bei 180 °C 30–35 Minuten backen. Stäbchenprobe machen (siehe Seite 49). Auskühlen lassen.

Den Kuchen zerbröseln. Den Haselnussfrischkäse dazugeben und alles zu einer geschmeidigen Masse verarbeiten. Aus der Masse gleichmäßige Kugeln formen und auf ein Backblech legen.

Etwa 50 g Kuvertüre über dem Wasserbad schmelzen. Die Cake-Pop-Sticks jeweils etwa 1 cm tief in die Kuvertüre tauchen und sofort in eine Kuchenkugel stecken. Etwa 1 Stunde kalt stellen.

Wenn die Kugeln und die Kuvertüre schön fest geworden sind, die restliche Kuvertüre mit der Kuchenglasur über dem Wasserbad schmelzen. Die Kugeln in die Schokolade tauchen, kurz abtropfen lassen und mit gehackten Nüssen oder Kokosraspeln verzieren. Zum Trocknen am besten in einen Styroporblock stecken.

Tipp: Diese Cakepops sind wirklich supereinfach und verhältnismäßig schnell gemacht. Sie können dafür auch Kuchenreste nehmen oder, wenn es mal ganz schnell gehen soll, einen gekauften Rührkuchen verwenden. Aber pssst! Das soll natürlich nur eine Notlösung sein.

Brownie-Tarte mit Macadamianüssen

Zubereitung: 20 Minuten plus
25 Minuten Backzeit
Ergibt etwa 12 Stücke

Zutaten

Für den Teig
150 g Zartbitterschokolade, gehackt
125 g Butter | 3 Eiweiß | 1 Prise Salz
3 Eigelb | 100 g Zucker | 1 EL Vanillezucker
50 g Mehl | Butter (zum Einfetten)
50 g Macadamianüsse, halbiert oder geviertelt

Zum Servieren
200 g Sahne | 1 EL Puderzucker
100 g frische Himbeeren

Die Schokolade mit der Butter über dem Wasserbad schmelzen. Etwas abkühlen lassen. Das Eiweiß mit dem Salz steif schlagen. Das Eigelb mit dem Zucker und dem Vanillezucker schaumig schlagen. Die Schokoladenmischung nach und nach unter die Eigelbmasse rühren. Das Mehl unterrühren, dann den Eischnee vorsichtig unterheben. Den Teig in eine gebutterte Springform geben und die Macadamianüsse daraufstreuen. Im vorgeheizten Backofen bei 175 °C 25 Minuten backen. Auskühlen lassen.

Die Sahne mit dem Puderzucker leicht anschlagen und mit den Himbeeren zur Tarte servieren.

Info: Die Brownietarte sollte innen leicht feucht sein, also nicht zu lange backen.

Schoko-Mandel-Tarte

Zubereitung: 20 Minuten plus
45 Minuten Backzeit
Ergibt etwa 12 Stücke

Zutaten

Für den Teig
200 g Zartbitterschokolade, gehackt
175 g Butter | 150 g Zucker
5 Eiweiß | 1 Prise Salz
60 g Mehl | 30 g gemahlene Mandeln
½ TL Backpulver | 5 Eigelb
100 g gehackte Mandeln

Zum Bestauben
2–3 EL Puderzucker

Die Schokolade mit der Butter in einem Topf bei geringer Temperatur schmelzen. Den Zucker dazugeben und rühren, bis er sich aufgelöst hat. Vom Herd nehmen und kurz abkühlen lassen. Das Eiweiß mit dem Salz sehr steif schlagen. Das Mehl mit den gemahlenen Mandeln und dem Backpulver mischen und unter die Schokoladenmischung heben. Das Eigelb nach und nach unterrühren und den Eischnee unterziehen. Den Teig in eine mit Backpapier ausgelegte Springform geben, glatt streichen und die gehackten Mandeln darauf verteilen. Im vorgeheizten Backofen bei 180 °C 40–45 Minuten backen. Auskühlen lassen und mit Puderzucker bestauben.

Früchtchen & Törtchen

Früchtchen und Törtchen gehören einfach zusammen wie Ernie & Bert, Dick & Doof oder Kaffee & Klatsch. Und das nicht nur, weil man ein paar Alibi-Vitamine braucht, um hemmungslosen Kuchengenuss rechtfertigen zu können, oder weil man ja mit den Beeren aus dem Garten irgendwohin muss – nein, es ist eine wahnsinnig leckere Kombination. Und ein ewiger Klassiker obendrein. Und stellen Sie sich mal ein Erdbeertörtchen ohne Erdbeeren vor!

Himbeer-Marzipan-Muffins mit Vanillesauce

Zubereitung: 25 Minuten plus
25 Minuten Backzeit
Ergibt 12 Stück

Zutaten

Für die Muffins
260 g Mehl | 60 g gemahlene Mandeln
1 TL Backpulver | 80 g Zucker | 2 EL Vanillezucker
1 Ei | 80 ml Sonnenblumenöl | 250 g Joghurt
24 frische Himbeeren | 12 Marzipankartoffeln
(oder Marzipanrohmasse in kleinen Stücken)

Für die Vanillesauce
125 ml Milch | Mark von 1 Vanilleschote
2 EL Zucker | 125 ml Sahne | 2 Eigelb

Das Mehl mit Mandeln, Backpulver, Zucker und Vanillezucker in einer Schüssel mischen. In einer zweiten Schüssel das Ei mit Öl und Joghurt verrühren. Die Mehlmischung vorsichtig unterheben. Ein Muffinblech mit Papierförmchen auskleiden und die Hälfte des Teiges gleichmäßig einfüllen. Jeweils zwei Himbeeren und eine Marzipankartoffel darauflegen und den restlichen Teig darübergeben. Im vorgeheizten Backofen bei 180 °C 20–25 Minuten backen. Etwa 10 Minuten in der Form ruhen lassen.

In der Zwischenzeit für die Sauce die Milch mit dem Vanillemark und dem Zucker in einem Topf aufkochen. Vom Herd nehmen und 10 Minuten ziehen lassen. Anschließend die Sahne mit dem Eigelb hinzugeben und unter ständigem Rühren bei geringer Temperatur erhitzen, bis die Sauce cremig wird.

Die Muffins lauwarm mit der Vanillesauce servieren.

Annabels himmlische Beerentörtchen

Zubereitung: 15 Minuten plus
15 Minuten Backzeit
Ergibt 12 Stück

Zutaten

Für den Teig
4 Eier | 160 g Zucker | 60 g Mehl
60 g gemahlene Mandeln | 40 g Speisestärke
½ Päckchen Backpulver

Für die Creme
1 Päckchen Vanillepuddingpulver | 4 EL Zucker
500 ml Milch | 100 g Doppelrahmfrischkäse

Zum Verzieren
200 g frische Beeren (nach Belieben Himbeeren, Erdbeeren, Heidelbeeren o. Ä.), vorbereitet

Die Eier mit dem Zucker dickcremig aufschlagen. Mehl, Mandeln, Speisestärke und Backpulver mischen und unter die Eimasse heben. Ein Muffinblech mit Papierförmchen auskleiden und den Teig gleichmäßig einfüllen. Im vorgeheizten Backofen bei 180 °C etwa 15 Minuten backen. Stäbchenprobe machen (siehe Seite 49). Auskühlen lassen.

Aus Puddingpulver, Zucker und Milch nach Packungsanleitung einen Pudding zubereiten. Den Frischkäse unterrühren und etwas abkühlen lassen.

In die Törtchen mit einem spitzen Messer eine Vertiefung schneiden. Die lauwarme Puddingcreme hineinfüllen und mit Beeren verzieren.

Info: Die Lieblingstörtchen meiner kleinen Tochter sind Pflicht an jedem Geburtstag! Anscheinend schmecken sie nicht nur ihr. Beim letzten Geburtstag mit in den Kindergarten geschickt kam von 45 Stück keines zurück!

Kirschtörtchen im Glas

Zubereitung: 15 Minuten plus
15 Minuten für die Sauce und
25 Minuten Backzeit
Ergibt etwa 12 Stück

Zutaten

Für die Füllung und Sauce
1 Glas Sauerkirschen (680 g)
1 EL Speisestärke
50 ml Weißwein
1 Stück Schale einer unbehandelten Zitrone

Für den Teig
150 g Butter | 3 Eier | 180 g Zucker
1 Prise Salz | 150 g saure Sahne | 180 g Mehl
1 TL Backpulver | 1 TL abgeriebene Schale einer unbehandelten Zitrone | Butter (zum Einfetten)

Für Füllung und Sauce die Sauerkirschen abtropfen lassen, den Saft dabei auffangen. Einige Löffel Kirschsaft abnehmen und die Speisestärke damit anrühren. Den restlichen Saft mit Weißwein und Zitronenschale aufkochen, etwa 15 Minuten ziehen lassen. Die angerührte Stärke hinzugeben und unter ständigem Rühren nochmals kurz aufkochen und eindicken lassen. Die Zitronenschale entfernen, auskühlen lassen.

Für den Teig die Butter in einem Topf zerlassen und abkühlen lassen. Die Eier mit dem Zucker und dem Salz schaumig schlagen. Die saure Sahne mit der Butter mischen und unter die Eimasse rühren. Das Mehl mit dem Backpulver darübersieben und mit der Zitronenschale unterheben. Kleine Weckgläser (à 290 ml) mit Butter einfetten und jeweils bis zur Hälfte mit dem Teig füllen. Einige Kirschen darauflegen und 1–2 EL Teig darübergeben. Im vorgeheizten Backofen bei 180 °C 20–25 Minuten backen. Auskühlen lassen.

Mit der Kirschsauce servieren.

Himbeer-Schokoladentörtchen

Zubereitung: 15 Minuten plus
20 Minuten Backzeit
Ergibt 12 Stück

Zutaten

Für die Törtchen
100 g Zartbitterschokolade, gehackt
100 g Butter | 200 g Zucker | 1 Prise Salz
2 Eier | 100 g Mehl | 1 TL Backpulver
100 g frische Himbeeren

Zum Bestauben
1–2 EL Puderzucker

Die Schokolade mit der Butter über dem Wasserbad schmelzen. Den Zucker und das Salz dazugeben und alles gut verrühren. Abkühlen lassen, anschließend die Eier unterrühren. Das Mehl mit dem Backpulver mischen, über die Schokoladenmasse sieben und vorsichtig unterheben. Ein Muffinblech mit Papierförmchen auskleiden. Den Teig gleichmäßig einfüllen und die Himbeeren darauf verteilen. Im vorgeheizten Backofen bei 180 °C 20 Minuten backen. Auskühlen lassen.

Mit Puderzucker bestaubt servieren.

Erdbeer-Tartelettes mit Vanillecreme

Zubereitung: 20 Minuten plus insgesamt 4 Stunden Kühlzeit und 20 Minuten Backzeit
Ergibt 12 Stück

Zutaten

Für den Teig
250 g Mehl
75 g Zucker
1 Prise Salz
1 Ei
150 g Butter
Butter (zum Einfetten)

Für Füllung und Belag
500 g frische Erdbeeren
1 Päckchen Vanillepuddingpulver
4–5 EL Zucker
400 ml Milch
50 g weiße Schokolade, gehackt
4 Blatt weiße Gelatine
200 g Sahne

Zum Bestreuen
1–2 EL Pistazien, gehackt

Für den Teig alle Zutaten zu einem glatten Mürbeteig verkneten. Diesen zu einer Kugel formen und in Frischhaltefolie gewickelt 1 Stunde kalt stellen.

Tarteletteförmchen mit Butter einfetten (oder ein Muffinblech umdrehen und die Mulden von außen buttern). Den Teig ausrollen und Kreise etwas größer als die Förmchen ausstechen. Die Förmchen mit dem Teig auskleiden. Im vorgeheizten Backofen bei 180 °C 20 Minuten backen. Auskühlen lassen.

Die Erdbeeren waschen, putzen und zum Abtrocknen auf Küchenkrepp legen. Für die Creme aus dem Puddingpulver, dem Zucker und der Milch nach Packungsanleitung einen Pudding zubereiten. Vom Herd nehmen und die Schokolade darin schmelzen. Etwas abkühlen lassen, dabei öfter umrühren. Die Gelatine in kaltem Wasser einweichen, ausdrücken, in den warmen Pudding rühren und darin auflösen. Auskühlen lassen.

Die Sahne steif schlagen und unter den Pudding heben. Die Tartelettes mit der Vanillecreme füllen. Die Erdbeeren darauf verteilen und die Pistazien darüberstreuen. Etwa 3 Stunden kalt stellen.

Tipp: Haben Sie es schon gemerkt? Ich liebe Pistazien und finde in vielen Rezepten eine Möglichkeit, sie unterzubringen. Falls Sie diese Vorliebe nicht teilen, dann lassen Sie die Pistazien einfach weg.

Stachelbeerkuchen mit Sesamstreuseln

Zubereitung: 40 Minuten plus
40 Minuten Backzeit
Ergibt etwa 12 Stücke

Zutaten

Für den Teig
500 g Stachelbeeren | 80 g Butter
150 g Zucker | 3 Eier | 300 g Mehl
1 Päckchen Backpulver
Butter (zum Einfetten)

Für die Streusel
50 g Sesam | 100 g Mehl | 80 g Zucker
¼–½ TL Kardamom | 60 g Butter

Die Stachelbeeren putzen, waschen und abtropfen lassen. Für die Streusel den Sesam in einer Pfanne ohne Fett leicht rösten.

Für den Teig die Butter mit dem Zucker cremig rühren. Die Eier nach und nach unterrühren. Mehl und Backpulver mischen und unter die Eimasse rühren. Die Stachelbeeren unterheben und den Teig in eine gebutterte Springform geben.

Für die Streusel den Sesam mit dem Mehl, dem Zucker, dem Kardamom und der Butter vermischen und mit den Händen zu Streuseln verkneten. Die Streusel gleichmäßig auf dem Teig verteilen. Im vorgeheizten Backofen bei 180 °C 40 Minuten backen.

Rhabarberkuchen

Zubereitung: 25 Minuten plus
50 Minuten Backzeit
Ergibt etwa 12 Stücke

Zutaten

Für die Creme
300 g Crème double | 3 Eigelb
30 g Zucker | 2 EL Vanillezucker
2 TL Grieß

Für den Belag
500 g Rhabarber

Für den Teig
200 g Butter | 150 g Zucker
1 TL Vanillezucker | 2 Eier | 180 g Mehl
40 g Speisestärke | 2 TL Backpulver

Für die Creme die Crème double in einem Topf vorsichtig erhitzen. Eigelb, Zucker, Vanillezucker und Grieß vermischen, zur Crème double geben und unter ständigem Rühren bei geringer Temperatur köcheln. Abkühlen lassen.

Für den Belag den Rhabarber waschen, putzen und in etwa 3 cm lange Stücke schneiden.

Für den Teig die Butter mit dem Zucker und dem Vanillezucker schaumig rühren. Die Eier nach und nach unterrühren. Mehl, Speisestärke und Backpulver mischen und unter die Eimasse rühren. Etwa zwei Drittel des Teiges in eine mit Backpapier ausgelegte Springform geben und glatt streichen. Die Creme gleichmäßig darauf verteilen. Den restlichen Teig in Klecksen auf die Creme setzen. Den Rhabarber darauf verteilen. Im vorgeheizten Backofen bei 180 °C 50 Minuten backen.

Zwetschgentörtchen mit Baiserhaube

Zubereitung: 25 Minuten plus
22 Minuten Backzeit
Ergibt etwa 12 Stück

Zutaten

Für den Teig
100 g Butter
80 g Zucker
2 EL Vanillezucker
3 Eier
200 g Mehl
2 TL Backpulver
Butter (zum Einfetten)

Für den Belag
1 Päckchen Sahnepuddingpulver
40 g Zucker
400 ml Milch
100 ml Sahne
500 g Zwetschgen
2 Eiweiß
50 g Puderzucker

Die Butter mit dem Zucker und dem Vanillezucker cremig rühren. Die Eier nach und nach unterrühren. Das Mehl mit dem Backpulver mischen und unterheben. Tarteletteförmchen mit Butter einfetten (oder ein Muffinblech mit Papierförmchen auskleiden). Den Teig gleichmäßig einfüllen und im vorgeheizten Backofen bei 180 °C 15–20 Minuten backen. Stäbchenprobe machen (siehe Seite 49).

Für den Belag aus dem Puddingpulver, Zucker, Milch und der Sahne nach Packungsanleitung einen Pudding zubereiten. Abkühlen lassen, dabei immer wieder umrühren, damit sich keine Haut bildet.

Die Zwetschgen waschen, halbieren und entsteinen.

Auf den Törtchenböden jeweils etwas Pudding verstreichen und einige Zwetschgen darauf verteilen. Das Eiweiß steif schlagen, den Puderzucker gesiebt dazugeben und weiterschlagen, bis die Masse glänzt und Spitzen zieht. Kleine Baisertupfen auf die Zwetschgen setzen und unter dem Backofengrill etwa 2 Minuten bräunen.

Tipp: Diese Törtchen sehen unheimlich hübsch aus, leider halten sie sich nicht besonders lange. Sie sollten sie also möglichst schnell verzehren.

Feigentarte

Zubereitung: 35 Minuten plus 30 Minuten Kühlzeit und 40 Minuten Backzeit
Ergibt etwa 12 Stücke

Zutaten

Für den Teig
150 g Mehl | 1 EL Zucker
1 Prise Salz | 1 Ei
100 g Butter
plus etwas zum Einfetten

Für die Füllung
250 g Sahne | 1 Ei
2 EL Zucker
1 Päckchen Vanillezucker
1 TL frische Thymianblättchen
800 g frische Feigen

Aus Mehl, Zucker, Salz, Ei und Butter rasch einen Mürbeteig kneten und zu einer Kugel formen. In Frischhaltefolie gewickelt 30 Minuten kalt stellen.

Eine Tarteform mit Butter einfetten. Den Teig darin ausrollen, einen Rand hochziehen und den Boden mit einer Gabel mehrmals einstechen. Im vorgeheizten Backofen bei 180 °C 15 Minuten vorbacken.

In der Zwischenzeit Sahne, Ei, Zucker und Vanillezucker verquirlen. Den Thymian fein hacken und unterrühren. Die Feigen waschen und halbieren. Den Guss auf den Boden gießen und die Feigen mit der Schnittfläche nach oben darauf verteilen. 20–25 Minuten weiterbacken. Etwas abkühlen lassen und servieren.

Info: Der Thymian passt ganz wunderbar zu den Feigen und gibt dieser Tarte eine besondere Note.

Aprikosenwähe

Zubereitung: 25 Minuten plus 1 Stunde Kühlzeit und 35 Minuten Backzeit
Ergibt etwa 12 Stücke

Zutaten

Für den Teig
200 g Mehl
2–3 EL Zucker
1 Prise Salz
100 g Butter
Butter (zum Einfetten)

Für den Belag
1 kg frische Aprikosen
30 g Pistazien, gemahlen
2 Eier
250 ml Milch
50 g Zucker
1 EL Speisestärke

Mehl, Zucker, Salz und Butter mit 3–4 EL Wasser rasch zu einem Mürbteig verkneten. Den Teig zu einer Kugel formen und in Frischhaltefolie gewickelt etwa 1 Stunde kalt stellen.

Die Aprikosen waschen, halbieren und entsteinen.

Eine Tarteform mit Butter einfetten. Den Teig darin ausrollen, etwa 3 cm Rand hochziehen. Den Boden mit einer Gabel mehrmals einstechen, mit den Pistazien bestreuen und die Aprikosen kranzförmig darauflegen. Im vorgeheizten Backofen bei 220 °C 10 Minuten vorbacken.

Eier, Milch, Zucker und Speisestärke verrühren. Den Guss über die Aprikosen geben und den Kuchen 25 Minuten weiterbacken. Auskühlen lassen.

Info: Ein köstlicher Kuchen. Egal, ob mit Aprikosen, Zwetschgen, Kirschen oder Rhabarber. Statt Pistazien können Sie auch Haferflocken, Haselnüsse oder Mandeln verwenden.

Orangen-Vanille-Kuchen

Zubereitung: 20 Minuten plus
30 Minuten Backzeit
Ergibt etwa 12 Stücke

Zutaten

Für den Orangenteig
90 g Butter
90 g Zucker
4 Eigelb
180 g Mehl
1 TL Backpulver
1 Prise Salz
80 ml frisch gepresster Orangensaft

Für den Vanilleteig
4 Eiweiß
1 Prise Salz
Mark von 1 Vanilleschote
220 g Zucker
250 g Mehl
1 TL Backpulver
Butter (zum Einfetten)

Zum Bestauben
2 EL Puderzucker
1 TL abgeriebene Schale einer unbehandelten Orange

Für den Orangenteig die Butter mit dem Zucker schaumig rühren. Das Eigelb nach und nach unterrühren. Mehl, Backpulver und Salz mischen und mit dem Orangensaft unter die Eigelbmasse rühren.

Für den Vanilleteig das Eiweiß mit dem Salz und dem Vanillemark steif schlagen. Den Zucker langsam einrieseln lassen und weiterschlagen, bis die Masse glänzt und Spitzen zieht. Das Mehl mit dem Backpulver mischen, auf den Eischnee sieben und vorsichtig unterheben.

Eine Kranzform mit Butter einfetten und mit Mehl ausstreuen. Den Vanilleteig hineingeben und glatt streichen. Den Orangenteig darübergeben und ebenfalls glatt streichen. Im vorgeheizten Backofen bei 180 °C 30 Minuten backen. Auskühlen lassen.

Den Puderzucker mit der Orangenschale mischen und kurz im Blitzhacker pulverisieren. Den Kuchen damit bestauben.

Biskuitomeletts mit Heidelbeercreme

Zubereitung: 45 Minuten plus
16 Minuten Backzeit
Ergibt 8 Stück

Zutaten

Für den Teig
4 Eiweiß | 70 g Zucker | 1 EL Vanillezucker
1 Prise Salz | 4 Eigelb | 70 g Mehl
1 TL Backpulver
2–3 EL Zucker (für das Geschirrtuch)

Für die Füllung
250 g Quark (20 % Fett i. Tr.)
4–5 EL Zucker
1–2 EL Vanillezucker
250 g frische Heidelbeeren, vorbereitet
200 g Sahne

Das Eiweiß steif schlagen. Den Zucker, den Vanillezucker und das Salz einrieseln lassen. Das Eigelb verrühren und unter den Eischnee ziehen. Mehl und Backpulver mischen, über die Eimasse sieben und unterheben. Ein Backblech mit Backpapier auslegen und vier Kreise von etwa 12 cm Durchmesser darauf zeichnen. Die Hälfte der Biskuitmasse auf die Kreise verteilen und darin verstreichen. Im vorgeheizten Backofen bei 200 °C etwa 8 Minuten backen. Die Omeletts auf ein mit Zucker bestreutes Geschirrtuch stürzen und mit einem zweiten, angefeuchteten Geschirrtuch abdecken. Mit der restlichen Biskuitmasse genauso verfahren. Die Omeletts auskühlen lassen.

Für die Füllung den Quark mit dem Zucker, dem Vanillezucker und den Heidelbeeren verrühren. Die Sahne steif schlagen und unterheben. Die Omeletts mit der Heidelbeercreme füllen und zusammenklappen.

Kürbistörtchen

Zubereitung: 35 Minuten plus
35 Minuten Backzeit
Ergibt 12 Stück

Zutaten

Für den Teig
300 g Kürbisfruchtfleisch (z. B. Hokkaido
oder Butternut) | 200 g Butter | 160 g Zucker
4 Eier | 200 g Mehl | 100 g gemahlene Mandeln
100 g gemahlene Haselnüsse | 3 TL Backpulver
½ TL frisch geriebene Muskatnuss | ½ TL Zimt

Für die Creme
100 g Mascarpone | 3–4 EL Puderzucker
1–2 EL Zitronensaft

Zum Garnieren
Zesten einer unbehandelten Zitrone

Das Kürbisfruchtfleisch fein reiben. Die Butter mit dem Zucker schaumig rühren. Die Eier nach und nach unterrühren. Mehl, Mandeln, Haselnüsse und Backpulver mischen und zusammen mit den Gewürzen unter die Eimasse rühren. Den Kürbis unterheben. Ein Muffinblech mit Papierförmchen auskleiden, den Teig gleichmäßig einfüllen und im vorgeheizten Backofen bei 180 °C 30–35 Minuten backen. Auskühlen lassen.

Den Mascarpone mit dem Puderzucker und dem Zitronensaft verrühren. Auf jedes Kürbistörtchen einen Klecks Mascarponecreme setzen und mit Zitronenzesten garnieren.

Bratapfelkuchen

Zubereitung: 30 Minuten plus 30 Minuten Kühlzeit und 1 Stunde Backzeit
Ergibt etwa 12 Stücke

Zutaten

Für den Teig
220 g Mehl
100 g Zucker
½ TL Backpulver
1 Ei
150 g Butter
Butter (zum Einfetten)

Für den Belag
50 g Rosinen
3 EL Rum
8–9 kleine Äpfel
Saft von ½ Zitrone
150 g Marzipanrohmasse
1 EL Zimt
einige Zimtstangen

Für den Guss
1 Päckchen Vanillepuddingpulver
250 ml Milch
1 Eigelb
500 ml Sahne
80 g Zucker

Für den Belag die Rosinen mit dem Rum einweichen. Für den Teig das Mehl auf ein Backbrett sieben. Zucker, Backpulver und Ei dazugeben. Die Butter in Flöckchen darauf verteilen und alles rasch zu einem glatten Teig verkneten. Den Teig zu einer Kugel formen und in Frischhaltefolie gewickelt etwa 30 Minuten kalt stellen.

Die Äpfel schälen, mit einem Apfelausstecher das Kerngehäuse entfernen, sofort mit Zitronensaft bestreichen. Die Marzipanrohmasse zerkleinern, mit den Rosinen und dem Zimt verkneten und die Äpfel damit füllen. Jeweils ein 2–3 cm langes Stück Zimtstange als Stiel oben hineinstecken.

Für den Guss das Puddingpulver mit etwas Milch anrühren, das Eigelb dazugeben, gut verrühren. Die restliche Milch mit der Sahne und dem Zucker aufkochen. Das angerührte Puddingpulver dazugeben. Unter ständigem Rühren nochmals aufkochen und eindicken lassen. Vom Herd nehmen und etwas abkühlen lassen.

Eine Springform mit Butter einfetten. Den Teig darin ausrollen, 3–4 cm Rand hochziehen und den Boden mit einer Gabel mehrmals einstechen. Im vorgeheizten Backofen bei 180 °C etwa 10 Minuten vorbacken.

Den Boden aus dem Ofen nehmen und die Äpfel daraufsetzen. So viel Guss einfüllen, dass die Äpfel noch ein wenig herausragen. Den Kuchen 50 Minuten weiterbacken. Auskühlen lassen.

Tarte Tatin

Zubereitung: 15 Minuten plus 1 Stunde Kühlzeit und 35 Minuten Backzeit
Ergibt etwa 12 Stücke

Zutaten

Für den Teig
200 g Mehl
1 Prise Salz
100 g Butter
Butter (zum Einfetten)

Für den Belag
100 g Zucker
1 kg Äpfel
50 g Butter

Das Mehl auf ein Backbrett sieben, das Salz dazugeben und die Butter in Flöckchen darauf verteilen. Mit 3–4 EL Wasser rasch zu einem glatten Teig verkneten. Den Teig zu einer Kugel formen und in Frischhaltefolie gewickelt etwa 1 Stunde kalt stellen.

Eine Tarteform mit Butter einfetten. Den Zucker mit 2 EL Wasser in einer Pfanne hellbraun karamellisieren. Den Karamell in die Form gießen. Die Äpfel schälen, entkernen und in etwa 2 cm dicke Spalten schneiden. Die Apfelspalten kranzförmig auf den Karamell legen und die Butter in Flöckchen daraufsetzen. Den Teig etwa 3 mm dick ausrollen und auf die Äpfel legen. Am Rand ein wenig herunterdrücken. Im vorgeheizten Backofen bei 220 °C 35 Minuten backen. Aus dem Ofen nehmen, etwa 5 Minuten ruhen lassen. Anschließend vorsichtig auf eine Platte stürzen.

Info: Angeblich haben die Mesdemoiselles Tatin in ihrem Café diesen Kuchen erfunden. Ob das stimmt, ist nicht mehr ganz nachzuprüfen, aber den außergewöhnlichen Geschmack dieser Tarte sollten Sie sich auf keinen Fall entgehen lassen. Die leicht bittere Note des Karamells und die Süße der Äpfel sind einfach wie gemacht füreinander. Ein wenig Vanilleeis oder leicht angeschlagene Sahne dazu. Perfekt!
Ganz ausgezeichnet schmeckt die Tarte Tatin übrigens auch mit Birnen oder Aprikosen.

Polentakuchen mit Orangenkompott

Zubereitung: 20 Minuten plus 30 Minuten für das Kompott und 50 Minuten Backzeit
Ergibt etwa 12 Stücke

Zutaten

Für den Kuchen
800 ml Milch
175 g Polenta
4 Eiweiß
1 Prise Salz
100 g Zucker
4 Eigelb
abgeriebene Schale und Saft von einer unbehandelten Orange
Butter (zum Einfetten)
1–2 EL Puderzucker (zum Bestauben)

Für das Kompott
4–5 Orangen
Saft von einer Orange
1–2 EL Vanillezucker
50 g Mandelblättchen (zum Bestreuen)

Die Milch aufkochen und den Maisgrieß einrieseln lassen. Unter ständigem Rühren etwa 2 Minuten köcheln. Die Polenta abkühlen lassen, dabei gelegentlich umrühren.

Das Eiweiß mit dem Salz steif schlagen und den Zucker langsam einrieseln lassen. Das Eigelb mit Orangenschale und -saft unter die Polenta rühren. Den Eischnee unterheben und den Teig in eine gebutterte Springform geben. Im vorgeheizten Backofen bei 175 °C 50 Minuten backen. Auskühlen lassen.

Für das Kompott die Orangen schälen, filetieren und mit dem Orangensaft und dem Vanillezucker kurz aufkochen. Auskühlen lassen. Die Mandelblättchen in einer Pfanne ohne Fett leicht rösten.

Den Polentakuchen mit Puderzucker bestauben. Das Orangenkompott mit Mandelblättchen bestreut dazu reichen.

Info: Kein typischer Kuchen, aber sehr, sehr lecker. Auch wenn das Filetieren von Orangen etwas umständlich ist, für dieses Kompott lohnt es sich.

Walnuss-Aprikosen-Kuchen

Zubereitung: 30 Minuten plus 45 Minuten Backzeit
Ergibt etwa 12 Stücke

Zutaten

Für den Belag
1 kg frische Aprikosen | 100 g Zucker
Butter zum Einfetten | 100 g Walnüsse, gehackt

Für den Teig
6 Eiweiß | 1 Prise Salz | 6 Eigelb | 200 g Zucker
200 g gemahlene Mandeln | 1 Päckchen Backpulver | 1 TL Zimt

Für den Belag die Aprikosen waschen, halbieren und entkernen. Den Zucker mit 1–2 EL Wasser in einem Topf hellbraun karamellisieren, in eine gebutterte Tarteform gießen und die Aprikosenhälften mit der Rundung nach unten darauflegen. Die Walnüsse in die Zwischenräume streuen.

Das Eiweiß mit dem Salz steif schlagen. Das Eigelb mit dem Zucker schaumig schlagen. Mandeln, Backpulver und Zimt mischen und unter die Eigelbmasse rühren. Den Eischnee vorsichtig unterheben. Den Teig gleichmäßig auf den Aprikosen verteilen. Im vorgeheizten Backofen bei 160 °C 45 Minuten backen. Den Kuchen mit einem Messer vom Rand lösen und vorsichtig auf eine Platte stürzen. Auskühlen lassen.

Reistorte mit karamellisierter Ananas

Zubereitung: 1 Stunde plus 1 Stunde Kühlzeit, 40 Minuten Quellzeit und 1 Stunde Backzeit
Ergibt etwa 12 Stücke

Zutaten

Für den Teig
250 g Mehl
75 g Zucker
1 EL Vanillezucker
1 Prise Salz
150 g Butter
Butter (zum Einfetten)

Für den Belag
500 ml Milch
500 ml Kokosmilch
250 g Milchreis
150 g Zucker
1 Stück Schale einer unbehandelten Zitrone
250 g Magerquark
4 Eigelb
4 Eiweiß
1 Prise Salz
1 frische Ananas
3 EL Zucker
1–2 EL Rum

Das Mehl mit dem Zucker, dem Vanillezucker, dem Salz, der Butter und 1–2 EL Wasser zu einem glatten Teig verkneten. Den Teig zu einer Kugel formen und in Frischhaltefolie gewickelt 1 Stunde kalt stellen.

Für den Belag die Milch mit der Kokosmilch in einem Topf aufkochen. Milchreis, Zucker und Zitronenschale dazugeben und bei geringer Temperatur 40 Minuten köcheln. Abkühlen lassen.

Eine Springform mit Butter einfetten. Den Teig darin ausrollen, 3–4 cm Rand hochziehen und den Boden mit einer Gabel mehrmals einstechen. Im vorgeheizten Backofen bei 180 °C 20 Minuten vorbacken.

Die Zitronenschale aus dem Milchreis entfernen. Den Quark und das Eigelb unterrühren. Das Eiweiß mit dem Salz steif schlagen und unterheben. Die Reismasse gleichmäßig auf dem vorgebackenen Boden verteilen. Den Kuchen 40 Minuten weiterbacken. Auskühlen lassen.

Die Ananas schälen, den Strunk entfernen und das Fruchtfleisch in Stücke schneiden. In einer Pfanne den Zucker karamellisieren. Die Ananas dazugeben, einige Minuten im Karamell schwenken. Den Rum dazugeben und verdampfen lassen. Die Ananasstücke aus der Pfanne nehmen und auf dem Kuchen verteilen.

Tipp: Das funktioniert natürlich auch in Tarteletteförmchen. Wenn man dann eine ganze karamellisierte Ananasscheibe darauflegt, sieht es einfach toll aus.

Aprikosen-Mohnkuchen mit Baiser

Zubereitung: 35 Minuten plus 1 Stunde Kühlzeit und 45 Minuten Backzeit
Ergibt etwa 12 Stücke

Zutaten

Für den Teig
300 g Mehl
100 g Zucker
1 EL Vanillezucker
1 Prise Salz
125 g weiche Butter
Butter (zum Einfetten)

Für den Belag
200 ml Milch
50 g Zucker
2 EL Vanillezucker
100 g gemahlener Mohn
2 EL Grieß
8–10 frische Aprikosen
2 Eigelb
2 Eiweiß
50 g Puderzucker
1TL Zitronensaft

Das Mehl mit dem Zucker, dem Vanillezucker, dem Salz, der Butter und 1–2 EL kaltem Wasser zu einem glatten Teig verkneten. Den Teig zu einer Kugel formen und in Frischhaltefolie gewickelt etwa 1 Stunde kalt stellen.

Für den Belag die Milch mit Zucker, Vanillezucker, Mohn und Grieß unter Rühren aufkochen und langsam wieder abkühlen lassen. Die Aprikosen waschen, halbieren und entsteinen.

Eine Springform mit Butter einfetten. Den Teig darin ausrollen, etwa 2 cm Rand hochziehen und den Boden mit einer Gabel mehrmals einstechen. Im vorgeheizten Backofen bei 180 °C etwa 15 Minuten vorbacken.

Das Eigelb unter die Mohnmasse rühren. Die Masse gleichmäßig auf dem vorgebackenen Boden verstreichen und die Aprikosenhälften darauflegen. Das Eiweiß mit dem Zitronensaft und dem Puderzucker sehr steif schlagen und auf dem Kuchen verteilen. 30 Minuten weiterbacken. Auskühlen lassen.

Info: Falls Sie keine Mohnmühle haben, dann kaufen Sie den Blaumohn am besten schon fertig gemahlen. Allerdings sollten Sie dann darauf achten, dass der gemahlene Mohn auch wirklich frisch ist. Riecht er leicht muffig, ist er nicht mehr zu gebrauchen.

Hefe & Zopf

Von wegen alter Zopf! Nach Jahren, in denen sogar ganz frisches Hefegebäck als etwas altbacken angesehen wurde, erlebt es jetzt wieder eine Renaissance. Zu Recht! Einem frisch gebackenen Hefezopf, dessen Geruch durchs ganze Haus zieht, kann kaum jemand widerstehen. Ein bisschen Butter und Marmelade dazu – ein Genuss für Groß und Klein.

Und entgegen der landläufigen Meinung ist ein Hefeteig eigentlich gar nicht schwer zu machen. Keine Sorge, trauen Sie sich einfach, die Hälfte der Arbeit erledigt die Hefe ohnehin ganz allein.

Puddingschnecken

Zubereitung: 40 Minuten plus
1 Stunde 5 Minuten Gehzeit und
25 Minuten Backzeit
Ergibt etwa 15 Stück

Zutaten

Für den Teig
500 g Mehl
1 Würfel frische Hefe
100 g Zucker
200 ml lauwarme Milch
¼ TL Salz
80 g Butter
1 Ei
Mehl (für die Arbeitsfläche)

Für die Füllung
1 Päckchen Vanillepuddingpulver
4 EL Zucker
300 ml Milch
100 g Doppelrahmfrischkäse
Rosinen, nach Belieben (alternativ frische Heidelbeeren oder Kirschen, vorbereitet)

Zum Bestauben
Puderzucker

Das Mehl in eine Schüssel sieben und in die Mitte eine Mulde drücken. Die Hefe in eine Tasse zerbröseln, mit 1 TL Zucker und etwas Milch glatt rühren und in die Mulde gießen. Etwas Mehl darüberstauben und 15 Minuten gehen lassen.

Den Zucker, das Salz, die Butter, das Ei und die restliche Milch zum Vorteig in die Schüssel geben. Alles zu einem glatten Teig verkneten. An einem warmen Ort 30 Minuten gehen lassen.

Für die Füllung aus dem Puddingpulver, dem Zucker und der Milch nach Packungsanleitung einen Pudding zubereiten. Abkühlen lassen, dabei immer wieder umrühren, damit sich keine Haut bildet.

Den Teig auf einer bemehlten Arbeitsfläche etwa 0,5 cm dick zu einem großen Rechteck ausrollen. Den Frischkäse unter den Pudding rühren und die Füllung auf dem Teig verstreichen. Rosinen daraufstreuen und den Teig von der langen Seite her aufrollen. Die Rolle in etwa 2 cm dicke Scheiben schneiden und diese mit etwas Abstand auf ein mit Backpapier ausgelegtes Backblech legen. Zugedeckt nochmals 20 Minuten gehen lassen. Im vorgeheizten Backofen bei 175 °C 20–25 Minuten backen.

Vor dem Servieren mit Puderzucker bestauben.

Tipp: Puddingschnecken mit oder ohne Rosinen ist ja in vielen Familien eine Streitfrage. Aber vielleicht probieren Sie es zur Abwechslung mal mit frischen Heidelbeeren oder Kirschen wie hier auf dem Bild.

Rosinenbrötchen mit Balsamico-Zwetschgenmus

Zubereitung: insgesamt 40 Minuten plus 1 Tag, 3 Stunden Zieh- und Garzeit für das Mus, 1 Stunde 15 Minuten Gehzeit und 20 Minuten Backzeit
Ergibt 12 Rosinenbrötchen und etwa 8 Gläser Zwetschgenmus (à 290 ml)

Zutaten

Für das Zwetschgenmus
2 kg Zwetschgen
200 g Zucker
4 EL Balsamico

Für den Teig
50–100 g Rosinen
2–3 EL Rum
1 Würfel frische Hefe
130 ml lauwarme Milch
500 g Mehl
80 g Zucker
½ TL Salz
130 g Butter
3 Eigelb
Mehl (für die Rosinen)
Butter (zum Einfetten)
2–3 EL Milch (nach Belieben zum Bestreichen)

Info: Ich liebe dieses Zwetschgenmus, es ist einfach, braucht nur wenig Zucker und die feine Balsamiconote macht es zu etwas ganz Besonderem. Rührt man es allerdings entgegen der Anweisung um, brennt es unweigerlich im Topf an. Es heißt deshalb auch oft »Zwetschgenmus-rühr-mich-nicht-an«.

Am Vortag für das Zwetschgenmus die Zwetschgen waschen, entsteinen und in einen Topf geben. Den Zucker gleichmäßig darüberstreuen, aber nicht umrühren. Den Balsamico dazugeben und 1 Tag ziehen lassen.

Am folgenden Tag die Zwetschgen bei geringer Temperatur etwa 3 Stunden zu Mus köcheln. Dabei auf keinen Fall umrühren! Erst in den letzten 10 Minuten kräftig rühren. Sofort randvoll in vorbereitete saubere Gläser füllen, verschließen und einige Minuten auf dem Deckel stehen lassen.

Für die Rosinenbrötchen die Rosinen waschen, abtropfen lassen, mit Rum übergießen und beiseitestellen. Die Hefe in der Milch auflösen, kurz gehen lassen und mit den restlichen Zutaten zu einem glatten Teig verkneten. Die Rosinen mit etwas Mehl bestauben und unter den Teig kneten. Zugedeckt etwa 30 Minuten gehen lassen.

Die Mulden eines Muffinblechs mit Butter einfetten. Den Teig in zwölf Portionen teilen. Jede Teigportion halbieren und zu zwei Strängen formen. Die beiden Teigstränge gegeneinander zu einem Zopf drehen, zusammenklappen und mit den Enden nach unten in eine Mulde des Muffinblechs setzen. An einem warmen Ort zugedeckt nochmals 30 Minuten gehen lassen.

Die Rosinenbrötchen für einen leichten Glanz nach Belieben mit etwas Milch bestreichen. Ein feuerfestes Schälchen mit Wasser in den auf 200 °C vorgeheizten Backofen stellen und die Brötchen 20 Minuten backen.

Mit dem Zwetschgenmus servieren.

Buchteln mit Walnusskaramell

Zubereitung: 35 Minuten plus
1 Stunde 30 Minuten Gehzeit und
20 Minuten Backzeit
Ergibt 12–15 Stück

Zutaten

Für den Teig
1 Würfel frische Hefe | 50 g Zucker
200 ml lauwarme Milch | 500 g Mehl
¼ TL Salz | 50 g weiche Butter
1 Ei

Für den Karamell
100 g Walnüsse, grob gehackt
150 g Zucker | 100 ml Sahne
50 g Butter
Mark von ½ Vanilleschote

Die Hefe mit etwas Zucker in der Milch auflösen, kurz gehen lassen und mit den restlichen Zutaten zu einem glatten Teig verkneten. Zugedeckt an einem warmen Ort etwa 45 Minuten gehen lassen.

In der Zwischenzeit die Nüsse in einer Pfanne ohne Fett leicht rösten. Den Zucker mit 3 EL Wasser in einem Topf goldgelb karamellisieren, mit Sahne ablöschen. Die Butter dazugeben und köcheln, bis sich der Zucker vollständig aufgelöst hat. Das Vanillemark unterrühren. Die Nüsse in eine runde Auflaufform geben und den Karamell darübergießen.

Den Teig in 12–15 Portionen teilen, diese zu Kugeln formen und auf den Nusskaramell setzen. Zugedeckt nochmals 30 Minuten gehen lassen. Im vorgeheizten Backofen bei 200 °C 20 Minuten backen. 10–15 Minuten abkühlen lassen, auf eine Platte stürzen und mit der Unterseite nach oben servieren.

Buchteln mit Mohnfüllung

Zubereitung: 35 Minuten plus 30 Minuten
Quellzeit, 1 Stunde 15 Minuten Gehzeit und
25 Minuten Backzeit
Ergibt 8–10 Stück

Zutaten

Für den Teig
½ Würfel frische Hefe | 50 g Zucker
125 ml lauwarme Milch | 300 g Mehl | ¼ TL Salz
60 g weiche Butter | 1 Ei | Butter (für die Form)
Butter, zerlassen (zum Bestreichen)

Für die Füllung
80 ml Milch | 80 g Zucker | Mark von ½ Vanilleschote | 200 g gemahlener Mohn | 1 EL Sonnenblumenöl | 1 Ei | 1 Eigelb

Zum Bestauben
Puderzucker

Die Hefe mit etwas Zucker in der Milch auflösen, kurz gehen lassen und mit den restlichen Zutaten zu einem glatten Teig verkneten. Zugedeckt an einem warmen Ort etwa 30 Minuten gehen lassen.

In der Zwischenzeit Milch, Zucker und Vanillemark aufkochen und den Mohn hineinrühren. Vom Herd nehmen und etwa 30 Minuten quellen lassen. Das Sonnenblumenöl, das Ei und das Eigelb unterrühren.

Den Teig noch einmal kräftig durchkneten, anschließend zum Quadrat ausrollen. In 8–10 gleichmäßige Vierecke schneiden und auf jedes Teigstück 1 EL Mohnfüllung setzen. Die Teigstücke jeweils über der Füllung zusammendrücken und mit der Naht nach unten in eine gebutterte Auflaufform (24 x 35 cm) setzen. Zugedeckt nochmals 30 Minuten gehen lassen. Mit etwas Butter bestreichen und im vorgeheizten Backofen bei 200 °C 25 Minuten backen.

Vor dem Servieren mit Puderzucker bestauben.

Zopfbrot mit Himbeerbutter

Zubereitung: insgesamt 30 Minuten plus 1 Stunde 15 Minuten Gehzeit und 45 Minuten Backzeit
Ergibt 1 Zopf

Zutaten

Für die Himbeerbutter
150 g frische Himbeeren (oder TK, aufgetaut)
50 g Honig
125 g weiche Butter

Für den Teig
500 g Mehl
1 Würfel frische Hefe
100 g Zucker
200 ml lauwarme Milch
¼ TL Salz
80 g Butter
1 Ei

Zum Bestreichen
1 Ei
1 Prise Salz
Hagelzucker (nach Belieben zum Bestreuen)

Für die Himbeerbutter die Himbeeren im Mixer pürieren und den Honig unterrühren. Die Butter cremig rühren. Das Himbeerpüree dazugeben und rühren, bis eine homogene Creme entstanden ist. Sieht die Masse anfangs etwas geronnen aus, ist das völlig normal. Dann so lange weiterrühren, bis sich die Zutaten miteinander verbunden haben.

Für das Zopfbrot das Mehl in eine Schüssel sieben und in die Mitte eine Mulde drücken. Die Hefe in eine Tasse zerbröseln, mit 1 TL Zucker und etwas Milch glatt rühren und in die Mulde gießen. Etwas Mehl darüberstauben und 15 Minuten gehen lassen.

Den Zucker, das Salz, die Butter, das Ei und die restliche Milch zum Vorteig in die Schüssel geben und alles zu einem glatten Teig verkneten. An einem warmen Ort 30 Minuten gehen lassen.

Den Teig in drei Stücke teilen und diese jeweils zu einem Strang formen. Auf einem mit Backpapier ausgelegten Backblech die Teigstränge zu einem lockeren Zopf flechten und die Enden nach unten klappen. An einem warmen Ort zugedeckt nochmals 30 Minuten gehen lassen.

Das Ei mit dem Salz verquirlen und den Zopf damit bestreichen. Nach Belieben mit Hagelzucker bestreuen. Im vorgeheizten Backofen bei 200 °C 45 Minuten backen. Abkühlen lassen.

In Scheiben schneiden und mit Himbeerbutter genießen.

Tipp: Einen Hefezopf zu flechten ist gar nicht schwer, erfahrene Flechter können sich auch an einem sechsteiligen Zopf versuchen. Der schmeckt zwar genauso, sieht aber noch schöner aus!

Butterkuchen

Zubereitung: 30 Minuten plus
1 Stunde 45 Minuten Gehzeit und
20 Minuten Backzeit
Ergibt etwa 12 Stücke

Zutaten

Für den Teig
1 Würfel frische Hefe
125 g Zucker
300 ml lauwarme Milch
650 g Mehl
½ TL Salz
125 g weiche Butter
3 Eier
Mehl (zum Ausrollen)

Für den Belag
250 g weiche Butter
100 g Puderzucker
Mark von 1 Vanilleschote
1 Prise Kardamom
100 g Mandelblättchen

- Die Hefe mit etwas Zucker in der Milch auflösen, kurz gehen lassen und mit den restlichen Zutaten zu einem glatten Teig verkneten. Zugedeckt an einem warmen Ort 1 Stunde gehen lassen.

- In der Zwischenzeit die Butter für den Belag schaumig rühren. Dabei nach und nach den Puderzucker einrieseln lassen. Vanillemark und Kardamom dazugeben und gut unterrühren.

- Den Teig noch einmal kräftig durchkneten, anschließend mit etwas Mehl auf einem mit Backpapier ausgelegten Backblech ausrollen. Zugedeckt nochmals etwa 30 Minuten gehen lassen.

- Mit einem bemehlten Kochlöffelstiel oder dem Daumen Vertiefungen im Abstand von etwa 2 cm in den Teig drücken. Mithilfe eines Spritzbeutels die Buttermischung gleichmäßig in die Vertiefungen spritzen und den Teig mit Mandeln bestreuen. Im vorgeheizten Backofen bei 200 °C 20 Minuten backen.

Tipp: Butterkuchen klingt langweilig? Finden Sie? Dann sollten Sie ihn probieren, dieser Butterkuchen ist alles andere als langweilig, er ist saftig, aromatisch und zergeht auf der Zunge. Die Buttermischung können Sie statt mit Vanille auch mit Zimt oder anderen Gewürzen zubereiten.

Buttermilch-Brioches

Zubereitung: 20 Minuten plus
1 Stunde 30 Minuten Gehzeit und
15 Minuten Backzeit
Ergibt 12 Stück

Zutaten

Für den Teig
375 g Mehl
1 Päckchen Trockenhefe
75 g Zucker
1 EL Vanillezucker
100 g Butter, zerlassen
100 ml Buttermilch
2 Eier
Butter (zum Einfetten)

Das Mehl in eine Schüssel sieben und mit Hefe, Zucker und Vanillezucker mischen. Die Butter mit der Buttermilch mischen und zusammen mit den Eiern zum Mehl geben. Alles zu einem glatten Teig verkneten. Zugedeckt an einem warmen Ort 30 Minuten gehen lassen. Den Teig kurz durchkneten und weitere 30 Minuten gehen lassen.

Den Teig in zwölf Portionen teilen. Aus den Teigportionen jeweils eine große und eine kleine Kugel formen. Briocheförmchen oder die Mulden eines Muffinblechs mit Butter einfetten, die großen Kugeln hineingeben und jeweils eine kleine Kugel daraufsetzen. Nochmals 30 Minuten gehen lassen.

Im vorgeheizten Backofen bei 220 °C in etwa 15 Minuten goldgelb backen.

Safranschnecken

Zubereitung: 30 Minuten plus
1 Stunde 15 Minuten Gehzeit und
5 Minuten Backzeit
Ergibt 15–20 Stück

Zutaten

Für den Sud
25 g Zucker
1 g gemahlener Safran

Für den Teig
1 Würfel frische Hefe
100 g Zucker
250 ml lauwarme Milch
600 g Mehl | ½ TL Salz
100 g weiche Butter | 1 Ei
Mehl (für das Backbrett)

Zum Garnieren
Rosinen | 1 Ei

Für den Safransud den Zucker mit 25 ml Wasser aufkochen und den Safran einrühren. Abkühlen lassen.

Die Hefe mit ½ TL Zucker in der Milch auflösen, kurz gehen lassen. Das Mehl mit der Hefemilch vermengen und mit dem Safransud und den restlichen Zutaten zu einem glatten Teig verkneten. Zugedeckt mindestens 30 Minuten gehen lassen. Der Teig sollte sein Volumen etwa verdoppeln.

Den Teig auf einem bemehlten Backbrett noch einmal kräftig durchkneten, dann in 15–20 Stücke teilen. Die Teigstücke zu fingerdicken Strängen formen und die Enden jeweils so ein-drehen, dass eine S-Form entsteht. Auf ein mit Backpapier belegtes Backblech legen und in jeden »S-Bogen« eine Rosine stecken. Zugedeckt nochmals 30 Minuten gehen lassen.

Das Ei verquirlen und die Safranschnecken damit bestreichen. Im vorgeheizten Backofen bei 250 °C 5 Minuten backen.

Zupfbrot mit Erdnussbutter und Schokolade

Zubereitung: 35 Minuten plus
1 Stunde 45 Minuten Gehzeit und
40 Minuten Backzeit
Ergibt 1 Brot

Zutaten

Für den Teig
1 Würfel frische Hefe
80 g Zucker
150 ml lauwarme Milch
500 g Mehl
2 EL Vanillezucker
½ TL Salz
50 g weiche Butter
2 Eier
Butter (zum Einfetten)

Für die Füllung
50–100 g ungesalzene Erdnussbutter
100 g Zartbitterschokolade, gerieben

Die Hefe mit etwas Zucker in der Milch auflösen, kurz gehen lassen und mit den restlichen Zutaten zu einem glatten Teig verkneten. Zugedeckt an einem warmen Ort etwa 1 Stunde gehen lassen, bis der Teig sein Volumen etwa verdoppelt hat.

In der Zwischenzeit die Erdnussbutter cremig rühren.

Den Teig kurz durchkneten und etwa 1 cm dick zu einem Rechteck ausrollen. Die Erdnussbutter dünn darauf verstreichen und die Schokolade darüberstreuen. Die Teigplatte in gleichmäßige Quadrate schneiden und jeweils fünf Quadrate aufeinanderstapeln. Eine Kastenform mit Butter einfetten und die Teigstapel nacheinander senkrecht hineinschichten. Zugedeckt an einem warmen Ort nochmals 30 Minuten gehen lassen.

Im vorgeheizten Backofen bei 175 °C 30–40 Minuten backen. Falls der Kuchen zu dunkel wird, mit Alufolie abdecken. Aus dem Ofen nehmen und etwa 30 Minuten ruhen lassen. Anschließend vorsichtig aus der Form stürzen und auskühlen lassen.

Tipp: Ein Muss für alle Snickers®-Fans. Wer mit Erdnüssen nichts am Hut hat, füllt das Zupfbrot entweder klassisch mit Zimt und Zucker (100 g Butter, 100 g Zucker, 1 EL Zimt) oder ganz einfach mit der Lieblingskonfitüre.

Hefestriezel mit Mandel-Honig-Füllung

Zubereitung: 35 Minuten plus
1 Stunde 45 Minuten Gehzeit und
30 Minuten Backzeit
Ergibt 1 Striezel

Zutaten

Für den Teig
500 g Mehl
1 Würfel frische Hefe
100 g Zucker
200 ml lauwarme Milch
¼ TL Salz
80 g Butter
1 Ei
eventuell Butter (zum Einfetten)

Für die Füllung
250 g Mandeln
150 g Zucker
100 g Honig
Saft von 3 Zitronen
abgeriebene Schale von 2 unbehandelten Zitronen

Zum Bestauben
Puderzucker

Das Mehl in eine Schüssel sieben und in die Mitte eine Mulde drücken. Die Hefe in eine Tasse zerbröseln, mit 1 TL Zucker und etwas Milch glatt rühren und in die Mulde gießen. Etwas Mehl darüberstauben und 15 Minuten gehen lassen.

Den Zucker, das Salz, die Butter, das Ei und die restliche Milch zum Vorteig in die Schüssel geben und alles zu einem glatten Teig verkneten. An einem warmen Ort 30–60 Minuten gehen lassen. Der Teig sollte sein Volumen etwa verdoppeln.

In der Zwischenzeit für die Füllung die Mandeln mit dem Zucker, dem Honig und dem Zitronensaft vermengen. Die Zitronenschale dazugeben und gut unterrühren.

Den Teig noch einmal kräftig durchkneten, anschließend etwa 1 cm dick zu einem Rechteck ausrollen. Die Füllung gleichmäßig darauf verstreichen und die Teigplatte von der langen Seite her aufrollen. Die Enden gut verschließen und die Teigrolle mit einem scharfen Messer der Länge nach halbieren. Die beiden Stränge zu einer Kordel schlingen. Den Striezel entweder auf ein mit Backpapier ausgelegtes Backblech legen oder in einer gebutterten Springform zu einem Kranz formen. Die Enden dabei gut miteinander verbinden. Zugedeckt an einem warmen Ort nochmals etwa 30 Minuten gehen lassen.

Im vorgeheizten Backofen bei 180 °C 30 Minuten backen. Auskühlen lassen.

Mit etwas Puderzucker bestaubt servieren.

Käse & Kuchen

So ein Käse! »Mama, da ist doch gar kein Käse drin!«, hat meine sechsjährige Tochter gesagt, als ich ihr die Test-Käseküchlein für dieses Buch hingestellt habe. Und recht hat sie! Würde ja wahrscheinlich auch gar nicht schmecken! Stellen Sie sich einen Camembertkuchen mit Schokostreuseln vor! Oder ein Emmentalertörtchen mit Rumrosinen! Nein, nein, es ist schon gut, dass es sich beim Käsekuchen um einen kleinen Etikettenschwindel handelt und da maximal Quark oder Frischkäse drin sind. Zum Glück ohne Frühlingskräuter!

New-York-Cheesecake

Zubereitung: 35 Minuten plus
1 Stunde 15 Minuten Backzeit
Ergibt etwa 12 Stücke

Zutaten

Für den Teig

4 Eiweiß
1 Prise Salz
100 g Zucker
4 Eigelb
35 g Mehl
30 g Speisestärke
1 TL Backpulver
40 g Butter, zerlassen
1 TL abgeriebene Schale einer unbehandelten Zitrone

Für den Belag

30 g Speisestärke
800 g Doppelrahmfrischkäse
300 g Zucker
3 Eier
200 g Sahne

Zum Servieren

200 g frische Beeren (nach Belieben Himbeeren, Erdbeeren, Heidelbeeren o. Ä.), vorbereitet
2 EL Puderzucker

Das Eiweiß mit dem Salz steif schlagen, 20 g Zucker einrieseln lassen und weiterschlagen, bis die Masse glänzt und Spitzen zieht. Das Eigelb mit dem restlichen Zucker cremig schlagen. Mehl, Speisestärke und Backpulver mischen und gesiebt unter die Eigelbmasse rühren. Die Butter mit der Zitronenschale unterziehen. Ein Drittel des Eischnees unter die Eigelbmasse rühren, den Rest unterheben. Den Teig in eine mit Backpapier ausgelegte Springform geben und im vorgeheizten Backofen bei 175 °C 15 Minuten vorbacken. Abkühlen lassen.

Die Springform in Alufolie so einpacken, dass kein Wasser eindringen kann. Die Speisestärke mit einigen Löffeln Frischkäse anrühren. Den restlichen Frischkäse, den Zucker und die Eier dazugeben und alles kräftig rühren. Die Sahne unterrühren und die Käsecreme auf dem Boden verteilen. Ein tiefes Blech mit heißem Wasser füllen und die Springform hineinstellen. Die Form sollte 2–3 cm hoch im Wasser stehen. Im vorgeheizten Backofen bei 175 °C 1 Stunde backen. Auskühlen lassen.

Die Beeren mit Puderzucker bestauben und zum Cheesecake servieren.

Quark-Mohn-Schnitten

Zubereitung: 35 Minuten plus 30 Minuten Quellzeit und 40 Minuten Backzeit
Ergibt etwa 12 Stück

Zutaten

Für die Füllung
250 g Mohn
100 ml Milch
220 g Zucker
5 EL Sonnenblumenöl
3 Eier
500 g Quark (20 % Fett i. Tr.)
100 ml Milch
2 EL Speisestärke
1 TL abgeriebene Schale einer unbehandelten Zitrone

Für den Teig
250 g Filoteig
100 g Butter, zerlassen

Zum Bestauben
2–3 EL Puderzucker

Für die Füllung den Mohn im Mixer oder in einer Mohnmühle mahlen. Die Milch mit 100 g Zucker aufkochen, den Mohn hineinrühren und 30 Minuten quellen lassen. Das Sonnenblumenöl und ein Ei unterrühren.

Den Quark mit Milch, Speisestärke, dem restlichen Zucker, zwei Eiern und der Zitronenschale verrühren.

Ein tiefes Backblech mit Backpapier auslegen und ein Filoteigblatt hineinlegen. Mit Butter bestreichen und ein weiteres Teigblatt darauflegen. So weiterverfahren, bis die Hälfte der Teigblätter aufgebraucht ist. Die Mohnmasse gleichmäßig auf dem Teig verstreichen und die Quarkmasse daraufgeben. Mit einem Filoteigblatt abdecken, dieses mit Butter bestreichen und den Vorgang wiederholen, bis alle Teigblätter aufgebraucht sind. Im vorgeheizten Backofen bei 180 °C 35–40 Minuten backen. Auskühlen lassen.

In gleichmäßige Stücke schneiden und mit Puderzucker bestaubt servieren.

Info: Filoteig wird schnell brüchig. Sie sollten ihn also, sobald er ausgepackt ist, sehr zügig verarbeiten.

Pastel diplomático

Zubereitung: 30 Minuten plus
45 Minuten Backzeit
Ergibt etwa 12 Stücke

Zutaten

Für den Karamell
150 g Zucker

Für den Flan
200 g Doppelrahmfrischkäse | 4 Eier | 1 Dose gezuckerte Kondensmilch (400 g) | 250 ml Milch
Mark von 1 Vanilleschote

Für den Teig
200 g Butter | 200 g Zucker | 4 Eier
150 g Mehl | 50 g Kakao | 2 TL Backpulver

Für den Karamell den Zucker in einer Pfanne karamellisieren und eine geschlossene Kranzform damit ausgießen.

Für den Flan Frischkäse, Eier, Kondensmilch, Milch und Vanillemark in einem Mixer vermischen und in die Kuchenform geben.

Für den Teig Butter und Zucker schaumig rühren. Die Eier nach und nach unterrühren. Mehl, Kakao und Backpulver mischen und unterheben. Den Teig gleichmäßig auf der Flanmischung verteilen.

Die Kuchenform in ein Wasserbad stellen und im vorgeheizten Backofen bei 180 °C 45 Minuten backen. Kurz abkühlen lassen. Am Rand mit einem scharfen Messer von der Form lösen und auf eine Platte stürzen.

Rhabarber-Cheesecake

Zubereitung: 35 Minuten plus
1 Stunde 15 Minuten Backzeit
Ergibt etwa 12 Stücke

Zutaten

Für den Boden
200 g Löffelbiskuits
100 g Butter
100 g gemahlene Mandeln
2 EL Vanillezucker

Für den Belag
300 g Rhabarber
2 Päckchen Vanillepuddingpulver
200 g Zucker
350 ml Rhabarbersaft
500 g Doppelrahmfrischkäse
4 Eier
2 Eigelb
abgeriebene Schale und Saft von einer unbehandelten Zitrone

Für den Boden die Löffelbiskuits im Mixer zerkleinern. Anschließend mit Butter, Mandeln und Vanillezucker verkneten. In eine mit Backpapier ausgelegte Springform geben und fest andrücken.

Den Rhabarber waschen, putzen und in etwa 2 cm lange Stücke schneiden. Ein Päckchen Puddingpulver und 50 g Zucker mit etwas Rhabarbersaft anrühren. Den restlichen Saft in einem Topf aufkochen, das Puddingpulver hinzugeben und unter stetigem Rühren eindicken lassen. Vom Herd nehmen und den Rhabarber unterheben. Kurz abkühlen lassen. Auf dem Boden verteilen, dabei etwa 1 cm Rand frei lassen.

Den Frischkäse mit dem restlichen Zucker, den Eiern und dem Eigelb verrühren. Das zweite Päckchen Puddingpulver, Zitronenschale und -saft dazugeben. Alles glatt rühren, auf die Rhabarbermasse geben und glatt streichen. Im vorgeheizten Backofen bei 200 °C 1 Stunde 15 Minuten backen. Falls der Kuchen zu dunkel wird, mit Alufolie abdecken. Auskühlen lassen.

Schmandkuchen mit roter Grütze

Zubereitung: 50 Minuten plus
1 Stunde 10 Minuten Backzeit und
3 Stunden Ruhezeit
Ergibt etwa 12 Stücke

Zutaten

Für den Teig
150 g Mehl
1 TL Backpulver
1 Ei
75 g Zucker
75 g Butter

Für den Belag
2 Päckchen Vanillepuddingpulver
200 g Zucker
500 ml Milch
600 g Schmand

Für die rote Grütze
400 g gemischte frische Beeren, vorbereitet
50 g Zucker
50 ml Kirschsaft
Mark von ½ Vanilleschote
4 Blatt rote Gelatine

Das Mehl mit dem Backpulver mischen und auf ein Backbrett sieben. In die Mitte eine Mulde drücken. Das Ei, den Zucker und die Butter hineingeben und alles rasch zu einem glatten Teig verkneten. Kalt stellen.

Für den Belag aus dem Puddingpulver, dem Zucker und der Milch nach Packungsanleitung einen Pudding zubereiten. Abkühlen lassen.

Eine Springform mit Backpapier auslegen. Den Teig darin ausrollen, 3–4 cm Rand hochziehen und den Boden mit einer Gabel mehrmals einstechen. Den Schmand unter den Pudding rühren, auf den Teig geben und glatt streichen. Im vorgeheizten Backofen bei 175 °C 1 Stunde 10 Minuten backen. Etwa 3 Stunden in der Form auskühlen lassen.

Die Beeren mit dem Zucker, dem Saft und dem Vanillemark bei geringer Temperatur erhitzen, Saft ziehen lassen. Die Gelatine in kaltem Wasser einweichen, ausgedrückt zu den Beeren geben und auflösen. Abkühlen lassen, anschließend gleichmäßig auf dem Schmandkuchen verteilen. Kalt stellen.

Erdbeer-Käsesahne

Zubereitung: 1 Stunde 40 Minuten plus 25 Minuten Backzeit, 1 Tag Ruhezeit und 3 Stunden Kühlzeit
Ergibt etwa 12 Stücke

Zutaten

Für den Teig
4 Eier
160 g Zucker
160 g Mehl
1 Päckchen Backpulver
Butter, Semmelbrösel (für die Form)

Für die Füllung
500 g frische Erdbeeren
75 g Zucker
6 Blatt weiße Gelatine
500 g Magerquark
400 g Sahne

Zum Bestauben
3–4 EL Puderzucker

Für den Biskuit die Eier sehr schaumig rühren, den Zucker einrieseln lassen und zu einer dickcremigen Masse aufschlagen. Das Mehl mit dem Backpulver mischen, auf die Eimasse sieben und vorsichtig unterheben. Die Biskuitmasse auf ein gebuttertes und mit Semmelbröseln ausgestreutes Backblech mit hohem Rand geben. Im vorgeheizten Backofen bei 180 °C 20–25 Minuten backen. Kurz stehen lassen, dann aus der Form stürzen. 1 Tag ruhen lassen.

Für die Füllung die Erdbeeren waschen, putzen und vierteln. Die Hälfte der Beeren im Mixer pürieren und mit etwas Zucker in einem Topf erhitzen. Die Gelatine in kaltem Wasser einweichen, ausdrücken und im Erdbeerpüree auflösen. Den Quark mit dem Erdbeerpüree und dem restlichen Zucker vermengen. Die Sahne steif schlagen und zusammen mit den restlichen Erdbeeren unter die Quarkcreme heben. Kurz kalt stellen.

Den Biskuitboden quer halbieren. Den unteren Boden auf eine Kuchenplatte legen. Einen Backrahmen darumstellen, die Creme auf den Boden streichen. Den zweiten Boden auflegen und die Torte etwa 3 Stunden kalt stellen.

Kurz vor dem Servieren den Backrahmen mit einem scharfen Messer lösen und die Torte mit Puderzucker bestauben.

Info: Das ist sie! Meine Lieblingstorte! Funktioniert auch wunderbar mit Himbeeren und schmeckt dann genauso sensationell.

Vanille-Ricotta-Cupcakes

Zubereitung: 15 Minuten plus
25 Minuten Backzeit
Ergibt 12 Stück

Zutaten

Für den Teig
250 g Butter | 200 g Zucker
Mark von 1 Vanilleschote
4 Eier | 250 g Ricotta
350 g Mehl | 2 TL Backpulver

Zum Bestauben
2–3 EL Puderzucker

Die Butter mit dem Zucker schaumig rühren. Das Vanillemark dazugeben und die Eier nach und nach unterrühren. Den Ricotta gut mit der Eimasse verrühren. Das Mehl mit dem Backpulver mischen und unterheben. Ein Muffinblech mit Papierförmchen auskleiden und den Teig gleichmäßig einfüllen. Im vorgeheizten Backofen bei 180 °C 20–25 Minuten backen. Auskühlen lassen. Mit Puderzucker bestauben.

Info: Locker, luftig und schnell gemacht!

Käseküchlein

Zubereitung: 25 Minuten plus 30 Minuten
Kühlzeit und 30 Minuten Backzeit
Ergibt 12 Stück

Zutaten

Für den Teig
200 g Mehl
50 g Zucker
1 Prise Salz
1 Ei
80 g Butter
Butter (zum Einfetten)

Für die Füllung
80 g Butter
80 g Zucker
2 Eier
250 g Quark (20 % Fett i. Tr.)
100 g Schmand
½ Päckchen Vanillepuddingpulver
50 g Schokotropfen
25 g Pistazien, gehackt

Aus Mehl, Zucker, Salz, Ei und Butter einen Mürbeteig kneten. Den Teig zu einer Kugel formen und in Frischhaltefolie gewickelt 30 Minuten kalt stellen.

Den Teig ausrollen und zwölf Kreise von etwa 8 cm Durchmesser ausstechen. Die Mulden eines Muffinblechs mit Butter einfetten, mit den Teigkreisen auskleiden und kalt stellen.

Für die Füllung Butter, Zucker und Eier gut verrühren. Quark, Schmand und Puddingpulver unterrühren. Die Schokotropfen unterheben. Die Quarkmasse auf den Mürbeteigböden verteilen und die Pistazien darüberstreuen. Im vorgeheizten Backofen bei 200 °C 30 Minuten backen.

Tipp: Diese Käseküchlein sind perfekte Picknickbegleiter. Klein, saftig und gut mitzunehmen. Statt Schokotropfen können Sie natürlich auch klein geschnittenes Obst, Rosinen oder Nüsse in den Teig geben.

Mandarinen-Schmandkuchen

Zubereitung: 50 Minuten plus
1 Stunde 10 Minuten Backzeit und
3 Stunden Ruhezeit
Ergibt etwa 12 Stücke

Zutaten

Für den Teig
150 g Mehl | 1 TL Backpulver
75 g Zucker | 1 Ei | 75 g Butter

Für den Belag
2 Päckchen Vanillepuddingpulver
200 g Zucker
500 ml Milch
2 Dosen Mandarinen (à 312 g)
600 g Schmand
1 Päckchen klarer Tortenguss
2 EL Zucker (für den Tortenguss)

Das Mehl mit dem Backpulver mischen und mit Zucker, Ei und Butter rasch zu einem glatten Teig verkneten. Kalt stellen.

Für den Belag aus dem Puddingpulver, dem Zucker und der Milch nach Packungsanleitung einen Pudding zubereiten. Abkühlen lassen.

Die Mandarinen abtropfen lassen, den Saft dabei auffangen. Eine Springform mit Backpapier auslegen. Den Teig darin ausrollen, 3–4 cm Rand hochziehen und den Boden mit einer Gabel mehrmals einstechen. Den Schmand unter den Pudding rühren, auf den Teig geben und glatt streichen. Die Mandarinen spiralförmig darauflegen. Im vorgeheizten Backofen bei 175 °C 1 Stunde 10 Minuten backen. Etwa 3 Stunden in der Form auskühlen lassen.

250 ml Mandarinensaft abmessen und mit dem Zucker nach Packungsanleitung den Tortenguss zubereiten. Den Guss auf dem Kuchen verteilen und fest werden lassen.

Käsekuchen ohne Boden

Zubereitung: 20 Minuten plus 1 Stunde
Backzeit und 3 Stunden Ruhezeit
Ergibt etwa 12 Stücke

Zutaten

Für den Teig
200 g Butter | 200 g Zucker
4 Eier | 75 g Grieß
2 TL Backpulver
1 Päckchen Vanillepuddingpulver
2–3 EL Rum (oder 1–2 Tropfen Rumaroma)
1 kg Magerquark
Butter, Semmelbrösel (für die Form)

Die Butter mit dem Zucker schaumig rühren. Die Eier nach und nach unterrühren. Den Grieß mit dem Backpulver mischen und mit dem Puddingpulver und dem Rum unter die Eimasse rühren. Den Quark unterheben und die Masse in eine gebutterte, mit Semmelbröseln ausgestreute Springform geben. Im vorgeheizten Backofen bei 175 °C 45 Minuten backen. Dann die Temperatur auf 150 °C reduzieren und den Kuchen 15 Minuten weiterbacken. Falls der Kuchen zu dunkel wird, mit Alufolie abdecken. Etwa 3 Stunden in der Form auskühlen lassen.

Tipp: Dieser Käsekuchen ist so einfach und trotzdem so lecker. Je nach Geschmack können Sie auch Rosinen unter die Quarkmasse heben oder ein Fruchtkompott zum Kuchen reichen.

Zitronen-Joghurt-Torte

Zubereitung: 1 Stunde plus 30 Minuten Backzeit und 4 Stunden Kühlzeit
Ergibt etwa 12 Stücke

Zutaten

Für den Teig
3 Eier
1 Prise Salz
125 g Zucker
100 g Mehl
25 g Speisestärke
1 TL Backpulver
Butter, Semmelbrösel (für die Form)

Für die Creme
10 Blatt weiße Gelatine
450 g Joghurt
150 g Zucker
abgeriebene Schale und Saft von zwei unbehandelten Zitronen
400 g Sahne

Für den Spiegel
4 Blatt rote Gelatine
200 g Johannisbeergelee
100 ml Rotwein

Zum Garnieren
200 g Sahne
1–2 EL Puderzucker
dünne Scheiben einer unbehandelten Zitrone

Für den Teig die Eier mit dem Salz schaumig schlagen, den Zucker einrieseln lassen und zu einer dickcremigen Masse aufschlagen. Das Mehl mit der Speisestärke und dem Backpulver mischen, auf die Eimasse sieben und vorsichtig unterheben. Den Teig in eine gebutterte und mit Semmelbröseln ausgestreute Springform geben. Im vorgeheizten Backofen bei 175 °C 25–30 Minuten backen. Auskühlen lassen.

Für die Creme die Gelatine in kaltem Wasser einweichen. Den Joghurt mit dem Zucker, der Zitronenschale und dem Zitronensaft verrühren. Die Gelatine leicht ausdrücken und in einem kleinen Topf bei niedriger Temperatur auflösen. Einige Löffel der Joghurtmasse mit der Gelatine verrühren und diese Mischung unter die restliche Joghurtmasse rühren. Kalt stellen.

Die Sahne steif schlagen und unter die Creme heben. Einen Tortenring um den Gebäckboden stellen, die Creme auf dem Boden verteilen und glatt streichen. Mindestens 3 Stunden kalt stellen.

Für den Spiegel die Gelatine in kaltem Wasser einweichen. Das Johannisbeergelee mit dem Rotwein erwärmen, die Gelatine ausdrücken und darin auflösen. Abkühlen lassen, dann einen Spiegel auf die Joghurtcreme gießen. Nochmals mindestens 1 Stunde kalt stellen.

Mit einem scharfen Messer den Tortenring lösen. Die Sahne mit dem Puderzucker steif schlagen, in einen Spritzbeutel füllen und die Torte mit Sahnetupfen und Zitronenscheiben verzieren.

Strudel & Teilchen

Wenn meine Mama uns früher zum Mittagessen mit Apfelstrudel überraschte, war bei mir die Enttäuschung groß. Nach einem Tag in der Schule brauchte man doch ein vernünftiges Mittagessen. Ein Apfelstrudel war als Nachtisch oder zum Kaffee völlig in Ordnung, aber doch nicht als Hauptessen. Mittlerweile bin ich selber zuständig für das Mittagessen und auch mein Mann ist kein Freund von Süßspeisen zu Mittag. Also gibt es den Strudel gern und oft in vielen Varianten zum Kaffee oder als Nachtisch, aber nie zum Mittagessen. Da gibt's höchstens mal einen Kraut- oder Hackfleischstrudel.

Kirsch-Marzipan-Strudel

Zubereitung: 30 Minuten plus
45 Minuten Backzeit
Ergibt 2 Strudel

Zutaten

Für den Teig
250 g Mehl
1 EL Essig
1 Ei
20 g Butter, zerlassen
Mehl (zum Ausrollen)

Für die Füllung
1 kg frische Sauerkirschen
200 g gemahlene Mandeln
100 g Butter
200 g Marzipanrohmasse
30 g Puderzucker

Zum Bestauben
Puderzucker

Das Mehl mit dem Essig, dem Ei und der Butter vermischen, nach und nach 125 ml Wasser dazugeben und alles zu einem glatten Teig kneten. Den Teig halbieren und in Frischhaltefolie gewickelt bei Zimmertemperatur ruhen lassen.

Für die Füllung die Kirschen waschen und entsteinen. Die Mandeln in einer Pfanne in 1–2 EL Butter leicht bräunen. Die Marzipanrohmasse mit dem Puderzucker zu einem Rechteck ausrollen und quer halbieren. Die restliche Butter in einem Topf zerlassen.

Ein Teigstück nochmals durchkneten und auf einem bemehlten Küchentuch dünn ausrollen. Eine Marzipanhälfte in die Mitte legen. Die Hälfte der Mandeln darauf verteilen und die Hälfte der Kirschen daraufgeben. Dabei rundherum etwa 3 cm Rand frei lassen. Die Teigränder mit zerlassener Butter bestreichen und nach innen klappen. Den Strudel mithilfe des Küchentuchs aufrollen. Mit der Nahtstelle nach unten auf ein mit Backpapier ausgelegtes Backblech legen. Mit Butter bestreichen.

Mit dem zweiten Teigstück genauso verfahren. Im vorgeheizten Backofen bei 200 °C 40–45 Minuten backen. Mit Puderzucker bestauben.

Strudelpäckchen mit Nuss-Schoko-Füllung

Zubereitung: 25 Minuten plus
15 Minuten Backzeit
Ergibt etwa 16 Stück

Zutaten

Für die Füllung
100 g Zartbitterschokolade, gehackt
100 g Butter | 75 g Zucker | 125 g gemahlene Mandeln | 200 g Haselnüsse, gehackt
2 EL Kakao

Für den Teig
250 g Filoteig | 50 g Butter, zerlassen

Zum Bestauben
2 EL Puderzucker

Für die Füllung die Schokolade mit der Butter über dem Wasserbad schmelzen. Den Zucker gut unterrühren. Die Mandeln, die Haselnüsse und den Kakao unterheben.

Den Filoteig aufrollen und die Teigblätter übereinanderliegend mit einem scharfen Messer in Quadrate von 12 cm Kantenlänge schneiden. Je vier Teigblätter mit Butter bestreichen und übereinanderlegen. 1 EL Füllung in die Mitte geben und die Teigecken darüber zusammendrehen. Die Päckchen auf ein mit Backpapier ausgelegtes Backblech setzen, mit Butter bestreichen und im vorgeheizten Backofen bei 180 °C 15 Minuten backen. Abkühlen lassen.

Mit Puderzucker bestaubt servieren.

Strudelpäckchen mit Apfel-Grieß-Füllung

Zubereitung: 25 Minuten plus
15 Minuten Backzeit
Ergibt etwa 16 Stück

Zutaten

Für die Füllung
250 ml Milch | 2–3 EL Zucker | 25 g Grieß
1 Stück Schale einer unbehandelten Zitrone
100 g Quark (20 % Fett i. Tr.) | 3 leicht säuerliche Äpfel | 1 EL frisch gepresster Zitronensaft | 2 EL Zimtzucker

Für den Teig
250 g Filoteig | 50 g Butter, zerlassen

Zum Bestauben
2 EL Puderzucker

Für die Füllung aus Milch, Zucker, Grieß und Zitronenschale einen Grießbrei zubereiten. Abkühlen lassen, anschließend die Zitronenschale entfernen und den Quark unterrühren.

Die Äpfel schälen, das Kerngehäuse entfernen und in kleine Würfel schneiden. Mit Zitronensaft und Zimtzucker vermischen.

Den Filoteig aufrollen und die Teigblätter übereinanderliegend mit einem scharfen Messer in Quadrate von 12 cm Kantenlänge schneiden. Je vier Teigblätter mit Butter bestreichen und übereinanderlegen. 1 EL Grießmasse und einige Apfelwürfel in die Mitte geben und die Teigecken darüber zusammendrehen. Die Päckchen auf ein mit Backpapier ausgelegtes Backblech setzen, mit Butter bestreichen und im vorgeheizten Backofen bei 180 °C 15 Minuten backen. Abkühlen lassen.

Mit Puderzucker bestaubt servieren.

Quarkstrudel

Zubereitung: 30 Minuten plus
45 Minuten Backzeit
Ergibt 2 Strudel

Zutaten

Für den Teig
250 g Mehl
1 EL Essig
1 Ei
20 g Butter, zerlassen
Mehl (zum Ausrollen)

Für die Füllung
1 kg Quark (20 % Fett i. Tr.)
100 g Rosinen
Saft von einer Orange
2 EL Rum
100 g Semmelbrösel
100 g Butter
180 g Zucker
2 EL Vanillezucker
3 Eier
abgeriebene Schale von
einer unbehandelten Orange

Zum Bestauben
Puderzucker

Das Mehl mit dem Essig, dem Ei und der Butter vermischen, nach und nach 125 ml Wasser dazugeben und alles zu einem glatten Teig kneten. Den Teig halbieren und in Frischhaltefolie gewickelt bei Zimmertemperatur ruhen lassen.

Für die Füllung den Quark gut abtropfen lassen. Die Rosinen in dem Orangensaft und dem Rum einweichen. Die Semmelbrösel in einer Pfanne in der Hälfte der Butter leicht bräunen. Den abgetropften Quark mit dem Zucker, dem Vanillezucker, den Eiern und der Orangenschale vermischen. Die restliche Butter in einem Topf zerlassen.

Ein Teigstück nochmals durchkneten und auf einem bemehlten Küchentuch dünn ausrollen. Die Hälfte der Semmelbrösel auf dem Teig verteilen und die Hälfte der Quarkmasse gleichmäßig darauf verstreichen. Dabei rundherum etwa 3 cm Rand frei lassen. Die Teigränder mit zerlassener Butter bestreichen und nach innen klappen. Den Strudel mithilfe des Küchentuchs aufrollen. Mit der Nahtstelle nach unten auf ein mit Backpapier ausgelegtes Backblech legen. Mit Butter bestreichen.

Mit dem zweiten Teigstück genauso verfahren. Im vorgeheizten Backofen bei 200 °C 40–45 Minuten backen. Mit Puderzucker bestauben.

Info: In die Füllung des Quarkstrudels können Sie natürlich nach Belieben noch klein geschnittenes Obst, Mandeln oder getrocknete Früchte geben. Auch ein Fruchtkompott macht sich sehr gut dazu.

Birne im Schlafrock

Zubereitung: 15 Minuten plus
25 Minuten Backzeit
Ergibt 8 Stück

Zutaten

Für die Birnen
150 g Marzipanrohmasse
1 Eiweiß
10 ml Birnensaft
8 kleine Birnen

Für den Teig
1 Packung frischer Blätterteig
(oder TK, aufgetaut)

Zum Bestreichen
1 Eigelb
4–5 EL Milch

Für die Füllung die Marzipanrohmasse mit Eiweiß und Birnensaft cremig rühren und in einen Spritzbeutel füllen. Die Birnen schälen und das Kerngehäuse ausstechen. Jeweils den Stiel abschneiden und beiseitelegen.

Den Blätterteig in acht gleich große quadratische Stücke teilen. Die Teigstücke etwas ausrollen. Die Marzipanmasse in die Birnen spritzen. Das Eigelb mit der Milch verquirlen, die Ränder der Teigstücke damit bestreichen und je eine Birne in die Mitte setzen. Die Teigenden oben zusammendrücken und jeweils einen Birnenstiel hineinstecken. Die Birnen auf ein mit Backpapier ausgelegtes Backblech setzen und im vorgeheizten Backofen bei 200 °C 25 Minuten backen.

Info: Der Klassiker ist ja eigentlich Apfel im Schlafrock. Doch von meiner Tochter gefragt, ob man auch »Birne im Nachthemd« backen könnte, haben wir es ausprobiert und für gut befunden.

Blätterteighörnchen mit Ricottafüllung

Zubereitung: 15 Minuten plus
15 Minuten Backzeit | Ergibt etwa 25 Stück

Zutaten

Für die Füllung
250 g Ricotta | 3 EL Zucker | ½ TL Zimt
1 TL abgeriebene Schale einer unbehandelten Orange | 1–2 Tropfen Orangenöl

Für den Teig
1 Packung frischer Blätterteig (oder TK, aufgetaut)

Zum Bestreichen
1 Eigelb | 1–2 EL Sahne
2 EL Zimtzucker (zum Bestreuen)

Für die Füllung den Ricotta mit dem Zucker, dem Zimt, der Orangenschale und dem Orangenöl verrühren.

Den Blätterteig ausrollen und in spitze Dreiecke schneiden. Jeweils 1 EL Füllung auf die Teigstücke setzen. Die Teigdreiecke von der breiten Seite her zur Spitze hin aufrollen und die Hörnchen auf ein mit Backpapier ausgelegtes Backblech legen. Das Eigelb mit der Sahne verquirlen, die Hörnchen damit bestreichen und den Zimtzucker dünn darüberstreuen. Im vorgeheizten Backofen bei 200 °C 12–15 Minuten goldbraun backen.

Zwetschgenstrudel

Zubereitung: 30 Minuten plus
45 Minuten Backzeit
Ergibt 2 Strudel

Zutaten

Für den Teig
250 g Mehl
1 EL Essig
1 Ei
20 g Butter, zerlassen
Mehl (zum Ausrollen)

Für die Füllung
1 kg Zwetschgen
100 g Semmelbrösel
100 g Butter
4 EL Zimtzucker

Zum Bestauben
Puderzucker

Das Mehl mit dem Essig, dem Ei und der Butter vermischen, nach und nach 125 ml Wasser dazugeben und alles zu einem glatten Teig kneten. Den Teig halbieren und in Frischhaltefolie gewickelt bei Zimmertemperatur ruhen lassen.

Für die Füllung die Zwetschgen waschen, entsteinen und vierteln. Die Semmelbrösel in einer Pfanne in 2 EL Butter leicht bräunen. Die restliche Butter in einem Topf zerlassen.

Ein Teigstück nochmals durchkneten und auf einem bemehlten Küchentuch dünn ausrollen. Die Hälfte der Semmelbrösel auf dem Teig verteilen und die Hälfte der Zwetschgen daraufgeben. Dabei rundherum etwa 3 cm Rand frei lassen. 2 EL Zimtzucker darüberstreuen, die Teigränder mit zerlassener Butter bestreichen und nach innen klappen. Den Strudel mithilfe des Küchentuchs aufrollen. Mit der Nahtstelle nach unten auf ein mit Backpapier ausgelegtes Backblech legen. Mit Butter bestreichen.

Mit dem zweiten Teigstück genauso verfahren. Im vorgeheizten Backofen bei 200 °C 40–45 Minuten backen. Mit Puderzucker bestauben.

Millirahmstrudel

Zubereitung: 30 Minuten plus
45 Minuten Backzeit
Ergibt 2 Strudel

Zutaten

Für den Teig
250 g Mehl
1 EL Essig
1 Ei
20 g Butter, zerlassen
Mehl (zum Ausrollen)

Für die Füllung
1–2 altbackene Semmeln
100 ml Milch
150 g Butter
100 g Zucker
5 Eigelb
350 g Quark (20 % Fett i. Tr.)
150 g saure Sahne
2 EL Vanillezucker
abgeriebene Schale von
einer unbehandelten Zitrone
3 Eiweiß
1 Prise Salz

Für den Guss
250 ml Milch
2 Eigelb
2 EL Vanillezucker

Das Mehl mit dem Essig, dem Ei und der Butter vermischen, nach und nach 125 ml Wasser dazugeben und alles zu einem glatten Teig kneten. Den Teig halbieren und in Frischhaltefolie gewickelt bei Zimmertemperatur ruhen lassen.

Für die Füllung die Semmeln in Würfel schneiden, die Milch erhitzen und die Semmelwürfel darin einweichen. 100 g Butter mit dem Zucker und dem Eigelb cremig rühren. Den Quark, die saure Sahne, den Vanillezucker und die Zitronenschale unter die Eimasse rühren. Die Semmelwürfel gut ausdrücken und mit der Quarkmasse vermischen. Das Eiweiß mit dem Salz sehr steif schlagen und unterheben. Die restliche Butter in einem Topf zerlassen.

Ein Teigstück nochmals durchkneten und auf einem bemehlten Küchentuch dünn ausrollen. Die Hälfte der Quarkmasse gleichmäßig auf dem Teig verstreichen. Dabei rundherum etwa 3 cm Rand frei lassen. Die Teigränder mit zerlassener Butter bestreichen und nach innen klappen. Den Strudel mithilfe des Küchentuchs aufrollen. Mit der Nahtstelle nach unten in eine Auflaufform legen. Mit Butter bestreichen.

Mit dem zweiten Teigstück genauso verfahren. Im vorgeheizten Backofen bei 200 °C 45 Minuten backen. In der Zwischenzeit die Milch mit dem Eigelb und dem Vanillezucker verquirlen. Nach der Hälfte der Backzeit den Guss seitlich angießen und die Strudel fertig backen.

Info: Bitte gießen Sie den Guss nicht über die Kruste, da sie sonst nicht knusprig wird.

Heidelbeerkörbchen

Zubereitung: 15 Minuten plus
15 Minuten Backzeit
Ergibt 12 Stück

Zutaten

Für den Teig
250 g Filoteig
100 g Butter, zerlassen
Butter (zum Einfetten)

Für die Füllung
250 g Quark (20 % Fett i. Tr.)
1 EL Milch
1 EL Vanillezucker
200 ml Sahne
3 EL Puderzucker
200 g frische Heidelbeeren, vorbereitet

Den Filoteig aufrollen und die Teigblätter übereinanderliegend mit einem scharfen Messer in Quadrate von 10 cm Kantenlänge schneiden. Je fünf Teigblätter mit Butter bestreichen und versetzt übereinanderlegen. Die gebutterten Mulden eines Muffinblechs mit dem Teig so auslegen, dass kleine Körbchen entstehen. Im vorgeheizten Backofen bei 175 °C 10–15 Minuten goldbraun backen. Auskühlen lassen.

Für die Füllung den Quark mit Milch und Vanillezucker glatt rühren. Die Sahne mit dem Puderzucker steif schlagen und mit den Heidelbeeren vorsichtig unter die Quarkcreme heben. In die Teigkörbchen füllen und servieren.

Info: Diese kleinen Teigkörbchen können Sie beliebig füllen. Obstsalat, Eis, Fruchtquark oder Schokoladenmousse, hier passt einfach alles.

Schaumrollen

Zubereitung: 30 Minuten plus
15 Minuten Backzeit
Ergibt etwa 16 Stück

Zutaten

Für den Teig
1 Packung frischer Blätterteig
(oder TK, aufgetaut)

Für die Füllung
1 Päckchen Vanillepuddingpulver
50 g Zucker
500 ml Milch
4 Blatt weiße Gelatine
200 ml Sahne

Zum Bestauben
2–3 EL Puderzucker

Den Blätterteig ausrollen und in 2 cm breite Streifen schneiden. Die Blätterteigstreifen um Schaumrollenformen wickeln und auf ein mit Backpapier ausgelegtes Backblech legen. Im vorgeheizten Backofen bei 220 °C 15 Minuten backen. Aus dem Ofen nehmen, nur kurz abkühlen lassen und noch warm vorsichtig von den Formen lösen. Auf einem Kuchengitter auskühlen lassen.

Für die Füllung aus dem Puddingpulver, Zucker und der Milch nach Packungsanleitung einen Pudding zubereiten und beiseitestellen. Die Gelatine in kaltem Wasser einweichen, ausdrücken, in den warmen Pudding rühren und darin auflösen. Den Pudding abkühlen lassen, dabei immer wieder umrühren, damit sich keine Haut bildet.

Die Sahne steif schlagen und unter den Pudding heben. Die Creme mithilfe eines Spritzbeutels in die Blätterteigrollen füllen. Mit Puderzucker bestauben.

Aprikosen-Nuss-Strudel

Zubereitung: 30 Minuten plus
45 Minuten Backzeit
Ergibt 2 Strudel

Zutaten

Für den Teig
250 g Mehl
1 EL Essig
1 Ei
20 g Butter, zerlassen
Mehl (zum Ausrollen)

Für die Füllung
750 g frische Aprikosen
100 g gemahlene Haselnüsse
100 g Walnüsse, gemahlen
50 g Semmelbrösel
50 g Zucker
etwa 100 ml Milch
50 g Butter

Zum Bestauben
2 EL Puderzucker

Das Mehl mit dem Essig, dem Ei und der Butter vermischen, nach und nach 125 ml Wasser dazugeben und alles zu einem glatten Teig kneten. Den Teig halbieren und in Frischhaltefolie gewickelt bei Zimmertemperatur ruhen lassen.

Für die Füllung die Aprikosen waschen, entsteinen und vierteln. Die Nüsse, die Semmelbrösel und den Zucker in eine Schüssel geben und so viel Milch unterrühren, dass eine streichfähige Masse entsteht. Die Butter in einem Topf zerlassen.

Ein Teigstück nochmals durchkneten und auf einem bemehlten Küchentuch dünn ausrollen. Die Hälfte der Nussmasse gleichmäßig auf dem Teig verteilen und die Hälfte der Aprikosen daraufgeben. Dabei rundherum etwa 3 cm Rand frei lassen. Die Teigränder mit zerlassener Butter bestreichen und nach innen klappen. Den Strudel mithilfe des Küchentuchs aufrollen. Mit der Nahtstelle nach unten auf ein mit Backpapier ausgelegtes Backblech legen. Mit Butter bestreichen.

Mit dem zweiten Teigstück genauso verfahren. Im vorgeheizten Backofen bei 200 °C 40–45 Minuten backen. Mit Puderzucker bestauben.

Tipp: Damit der Strudelteig richtig geschmeidig wird, sollte man ihn »abschlagen«. Dazu nehmen Sie den Teig und schlagen ihn mehrmals kräftig auf die Tischplatte. Der Teig wird dann ganz wunderbar weich und nebenbei können Sie auch ein paar Aggressionen loswerden.

Die Temperaturen bei den Rezepten beziehen sich jeweils auf Ober-/Unterhitze, wenn nicht anders angegeben.
Wenn nicht anders angegeben, beträgt der Durchmesser der zu verwendenden Springform 28 cm.
Für die Rezepte sollen grundsätzlich Eier der Größe M verwendet werden.

Ebenfalls erhältlich ...

ISBN 978-3-95961-268-5

ISBN 978-3-95961-266-1

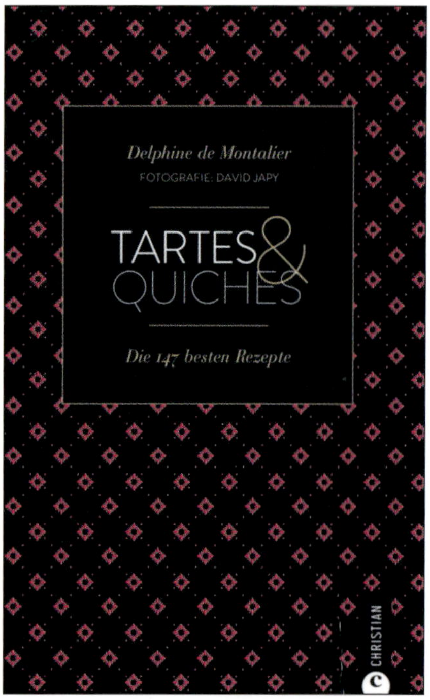

ISBN 978-3-95961-267-8

ISBN 978-3-95961-269-2